與負面情緒愉快相處的轉變練習

清理心靈垃圾，快速轉念，成為自己的心情療癒師

胡明瑜　著

高寶書版集團

目錄
Contents

第三章 轉化情緒

目錄
Contents

第六章
親子關係

第七章
家庭關係

前言　成為一名愛的搬運工

我爲何寫這本書？

「我用盡了全力，過著平凡的一生。」

每次讀威廉．薩默塞特．毛姆（William Somerset Maugham）在《月亮與六便士》裡的這句話，都有種悲愴的感覺。眼前總有一個畫面：洶湧的人潮中，無數臉上寫滿焦慮的成年人行色匆匆，卻還是奔向下一個痛苦。

為什麼我們這麼努力，卻還是過得如此辛苦？

做女性成長和家庭教育培訓與諮詢十六年，我有幸結識了很多學員。雖然生活境況不同，但在紛繁的現代社會，壓力和情緒卻是共通的。學業或工作中遭遇競爭，職場關係中的暗流湧動，伴侶相處裡的矛盾衝突，親子關係中的鬥智鬥勇，家庭瑣事背後的一地雞毛[1]……能撐的時候就盡量撐著，扛不住了就情緒失控，甚至崩潰……

有不少學員告訴我，每當沉入情緒低谷時，就會不想起床，生活沒有動力，做事提不起興趣，嚴重影響到工作和生活，甚至會開始自我攻擊，然後更加容易陷入負面情緒中，難以自拔。

他們也曾經嘗試自己做出各種努力和調整，但收效甚微。關鍵是，人到中年，身體開始出現問題，因情緒累積而引發的各種疾病和健康問題接踵而至，生活變得困難重重。我開始意識到，**面對人生，光靠努力是不夠的，我們不是要活得更加努力，而是要活得更有智慧**。

智慧能簡單地理解為讀書或聽課學習嗎？如果是這樣，那為什麼我們學了那麼多知識，懂了那麼多道理，卻依然過不好這一生？我認為之所以這樣，一個很重要的原因是——道理是道理，情緒是情緒。

我們都懂得要當一個溫和而堅定的媽媽，卻在無數次吼完孩子後內疚自責；我們明知道有些話說出去傷人害己，卻還是忍不住在盛怒之下噴湧而出。這些年，關於情緒，學員問得最多的問題就是「如何能控制好情緒」。

1　一地雞毛：詞出於中國作家劉震雲的著作《一地雞毛》，指把事情搞得麻煩、混亂、一塌糊塗，或者是代稱日常瑣事。

我們總想著如何「控制」情緒，殊不知情緒很難被控制，只能被管理。而有效的情緒管理至少有三步：識別、表達、管理，「毒雞湯」卻常常教人跳過前面兩步，直接針對最後一步，還告訴我們：「吃虧是福，知足常樂，你要退一步海闊天空。」導致人們常常無法識別和表達自己的情緒，把負面情緒當成「洪水猛獸」，把壓抑情緒當成管理情緒。

我發現，90%的人其實並沒有瞭解過情緒，更不知道如何應對和管理情緒，加之市面上向大眾介紹情緒的實用類書籍並不多（此指中國書籍），有鑒於此，我不揣冒昧，大膽進入這一領域，針對現實生活中人們遇到的情緒問題，結合自己多年的學習與探究，從理論與實踐結合的角度，提出了解決問題的思路與方法，希望能帶給你不一樣的收穫。

這本書有什麼特點？

一、有理念亦有方法

近二十年來，我一直在努力做一件事，就是用淺顯易懂的語言和貼近生活的案例去分享行之有效的情緒管理方法，因為有效果比講道理更重要。為了能幫助大家更好地掌握情緒管理的方法，我力圖把知識變成切實可運用的方法，好的方法是有具體步驟且是可以重複練習的。

二、有故事有案例

我的學員以女性居多，講課給女性聽不能只有理論和數字，而沒有活生生的案例。所以在本書中有大量真實的生活案例，這些案例來自我的學員和朋友，也都得到他們允許，很多問題非常有共性，你可以在他人的故事裡找到自己的答案。

三、十四大情緒管理難題

雖然大家的生活各不相同，面對的困難也不一樣，但依然有很多情緒問題具有普遍性和廣泛性，比如如何應對焦慮情緒、婚姻中的三觀不合，如何處理婆媳關係，如何處理與青春期孩子的衝突等。為了更好地滿足大家的需求，我在大量的問題中精選出十四個共性的難題，希望能幫到你。

四、音頻體驗練習

很多負面情緒常常儲存在身體中，所以有效的情緒處理並不只是講道理，而是要從身體入手，做一些清理和療癒。在全書的部分章節練習中，我特意錄製了與之相對應的音頻，你可以跟隨我的引導，重複聽、經常做，這對於清理和釋放情緒非常有效。

五、課後經典練習

有時「習」比「學」更重要，為了幫助大家打好基礎，我還專門設計了練習，希望大家透過完整的「學理論→聽案例→用方法→常練習」四大步模式，真正學到、學會。

如何使用這本書？

這是一本可以使用的書，用得越多，練習得越多，收穫越大。請按順序閱讀，先學理論，再看案例，這樣可以理解得更深。

前三章是情緒的相關理論，這些內容並不枯燥，我試圖用平實的語言詮釋專業術語，讓你對情緒有基本的認知。後面的章節重在解決生活中的問題，當然，如果你關心某個具體案例的解決方案，也可先翻到那一部分內容先行學習。

1. 分章節細讀：我的建議是讀完每一節都停下來認真地思考，並完成後面的練習，每天進步一點點。

2. 與朋友共讀：能靜下心來讀一本書，在現代社會並不容易，沒有環境和氛圍也很難堅持，一個好辦法是找一些愛讀書、有興趣的朋友一起學習和實踐，比如每週聚在一起共讀，並分享自己的故事和心得。一個人走得快，但一群人走得更遠，而且從他人的分享中，我們會有更多的收穫和成長。也歡迎加入明瑜讀書會，這裡有本書配套的精華音頻課，供大家一起共修。

3. 與他人分享：多年的授課經驗告訴我，輸出才是最好的輸入，當你分享你的所學時，往往能有更大的收穫和成長。學習既是修行，分享既是行善，我邀請你成為一名愛的搬運工，不論是線上或線下，運用各種形式去分享和傳播。

致謝

寫書的計畫很早就有，但總是用忙碌當藉口，一拖再拖，是這場突如其來的疫情讓我有時間靜下心來整理這些文字，最受益的還是我自己。首先要感謝本尚書院的所有學員們，如果沒有你們一直以來的鼓勵和支持，懶散的我可能永遠無法完成這本書，你們的期待和信任是我前進的動力。寫書過程中難免對自己不滿意，有評判，但當我想到這本書能夠持續地幫助他人，就不再糾結自己的局限和不完美。

其次要感謝華中師範大學家庭教育中心的支持；感謝駱霞老師和成竹老師，兩位良師益友一直以來的支持與鼓勵；智儀老師、楊柳老師、青青老師、蔣強老師、高晨老師和魏芳老師都分別對本書的內容提供了專業的建議，一併感恩大家！感謝秋葉大叔，教我這個寫書小白入門，給我中肯的改進建議，生命中有你們，非常感恩！

最後，要感謝我的家人，在我春節閉門寫書的一個月，是你們的全力支持讓我可以安心寫稿，為自己的夢想努力。

願我生命中的每一位有緣人，都能成為情緒的主人，活出更加精彩的人生。

胡明瑜

二〇二二年五月

第一章　認知情緒

——你所認識的情緒是這樣的嗎？

我們總念著要養生，卻忽略了愛惜生命不僅要養生，

更要管理好情緒。

我們總想著要控制情緒，

卻不知道情緒本質上是無法被控制的。

情緒到底是什麼？

情緒對我們的身心影響有多大？

身體會說話：你被壓抑的情緒攻擊了嗎？

● 情緒會引發身體的疾病嗎？

古代有一位女子，結婚後丈夫常年在外經商，夫妻倆聚少離多。妻子總是獨守空房，漸漸變得鬱鬱寡歡，身體也總是出毛病，一直吃藥治療，卻久治不癒。

後來遇到一位叫丹溪的名醫，名醫診斷說，這是思念導致氣結，很難單獨用藥物治療，需要讓他開心或者讓他生氣。於是名醫故意激怒他，女子先是大怒然後哭了起來，三個時辰後醫生開導他，同時讓他喝下準備好的湯藥，隨後這女子就開始想吃東西了。

名醫告訴女子的家人，雖然女子的氣結解開了，但是還需要讓他開心，病情才能不再反復，於是家人偽造書信騙女子說他丈夫很快就能回來，結果三個月後，丈夫果然回來了，女子的病痊癒了。

這是明代《名醫類案》一書中記載的一個故事，也是一個典型由情緒引發身體症狀的案例。我們總以為身體出問題，在身體上下功夫就可以了，頭痛醫頭，腳痛醫腳，但在現代身心醫學和心理學的研究中，我們發現，身心是一體的，身體狀態會影響心理狀態，心理狀態也會反映在身體上。

大A是我一名學員的老公，個子不高，面部輪廓分明，給人一種剛毅的感覺。第一次見他時，感覺他非常疲憊，談話間他會無意識地玩弄手中的簽字筆，而且他的指尖密布細微的傷痕。他的妻子告訴我，大A總是半夜坐在陽臺一個人抽菸，一坐就是幾個小時，他很擔心。

後來瞭解到，大A經營一家鋼材公司，這些年業務一直不好做，公司瀕臨倒閉，大A一直在想各種辦法，心中無比焦慮，晚上經常只能睡一至二小時，體重暴增，頭髮也大把大把地脫落，不久前去醫院體檢，結果顯示身體的各項指標都在「發警報」。大A不想讓妻子擔心，沒有告訴他這些，自己一個人扛著壓力，神經緊繃的時候，喜歡撕扯手上的肉刺，有時候手指不知不覺被自己扯得血肉模糊。

那天我幫大A做了一次個案輔導，過程中這個男人狠狠地哭了一回。他回去以後傳訊息跟我說：「老師，國中以後我就再也沒掉過一滴眼淚，原來暢快地哭一場是這麼痛快的事。」後來，他來上我的課程，參加了很多體驗和分享活動，變得更放鬆，精神狀態改變了，身體狀態也慢慢好了。年底得知我在寫書，他自告奮勇希望把自己的事例貢獻出來。

再來說說小美的故事。

小美在單親家庭長大，從小跟媽媽一起生活，他長得很漂亮，卻很少打扮自己，在同學中也總是默默無聞。大三的時候，有個男生開始追求他，小美從未感受過來自男性的體貼和關愛，很快墜入愛河。

可是好景不長，畢業時男友迫於家裡的壓力選擇回老家就業，小美萬分不捨，最終還是選擇了分手。自此小美一蹶不振，情緒低迷，每天連宿舍門都不出，靠叫外送度日，每天日夜顛倒，經期紊亂，經常胃痛、胸悶、四肢冰涼。半年不到的時間瘦了十二公斤，也錯過畢業論文發表的時間。

小美的媽媽知道女兒的情況後很擔心，經由朋友介紹向我求助，我建議他帶小美先去心理衛生中心進行診斷，再帶來我這裡做心理輔導。初見小美，他清秀的臉龐已經深深凹陷下去，大大的黑眼圈，瘦弱的身子，聊了沒幾句，他就哭了起來。我為他做了簡單的家庭雕塑（Family Sculpture），發現他真正悲傷的根源是對父愛的渴望。

在我的引導下，他將壓抑了多年對父親的情緒表達了出來。在這個過程中，這個女孩崩潰了三次，一個半小時的時間，我陪伴著他經歷了一次他內心情感世界的穿越，他終於決定放下對那個男生的期待，尊重他的選擇，同時也回歸自我，勇敢地正視自己的內心。

再次見到小美時，他整個人變得有光彩了，身體狀態明顯比之前好了很多。他告訴我，雖然工作以後有不少追求者，可是他想等自己更獨立一些，內心更強大的時候，再談戀愛。

在多年的培訓和諮詢工作中，經常有學員跟我談論關於身體的狀況，比如肩頸肌肉緊繃、頭痛、失眠、耳鳴、經期紊亂、胃痛等，他們往往都經歷了很長時間的藥物治療，但是狀態時好時壞，症狀反復「糾纏」，始終無法澈底擺脫。

作為一名心理工作者，我更傾向於看到一個整體的「人」而非某個部位，我發現他們有一個共同的特點，就是所有人幾乎都面臨某些情緒的困擾，有些情緒甚至被深深地壓抑了很多年。身體上這些難解的症狀真的和我們的情緒有關嗎？

身心醫學研究從多個方面都證實，我們身體的大部分病徵都和情緒有直接或間接的關係。當出現皮膚過敏、喉嚨不適、胃痛、失眠多夢、經常性頭痛等症狀時，我們常常會想：是不是身體出現了什麼問題？其實很多時候，沒有被充分表達的情緒才是始作俑者，在心理學裡，我們把這稱為「軀體化（Somatization）」。

腰痛也許是在表達「我都為你做了這麼多」的不滿，腰痛的人常常生氣，心煩氣躁，性急，什麼事都會搶在別人前面做，做得多卻得不到感謝，難免生出指責和抱怨。當人生氣的時候，氣血上湧，大部分集中在腦部，腰部得不到充足的血液，就很容易腰痛。

愛操心、思慮過多，思則氣結，不僅會引發偏頭痛還會影響消化系統，直接顯現出來的就是胃部不適。當我們大把大把地吞下胃藥，卻忽略了胃痛背後的各種壓力和緊張。

皮膚上的各種紅疹，猶如一座座要爆發的小火山，其實是在表達憤怒。

在親密關係中，夫妻感情不和，妻子總是生氣易患乳腺增生，長期抑鬱易患乳癌，甚至會影響卵巢健康。

櫻子在發現丈夫出軌後得了嚴重的骨盆腔炎，多方求醫都不能根除，櫻子對此深感苦惱。後來他來上我的情緒管理課，聽到情緒對身體的影響時才意識到，他的骨盆腔發炎就是在得知丈夫出軌之後出現的，為了家庭的完整和孩子的身心健康，他隱忍、壓抑自己對丈夫的憤怒，表面上原諒了丈夫，但是情緒卻一直無法平靜。後來他離婚了，在心理諮詢師的幫助下，結合婦科醫生的治療，終於擺脫了疾病的困擾。

世界心理衛生組織指出，70％以上的人會以攻擊自己器官的方式來消化自己的情緒，而消化系統、內分泌系統和生殖系統則是重災區。導致免疫系統出現問題的情緒排名，前七名依次是生氣、悲傷、恐懼、憂鬱、敵意、猜疑，以及季節性失控（如夏季頻發爭執和摩擦；冬季抑鬱患者會比其他季節時多）。

所以，**愛惜生命不僅要養生，更需要管理好自己的情緒。身體從來不說謊，疾病背後的呼聲都是在提醒我們需要更加關注內在的情緒，並學習用科學的方式處理情緒。**

練習：考考你

現在考考你，有關情緒的認識，以下觀點你認同哪幾個？

・「我天生就是多愁善感、憂鬱型的。」——情緒是與生俱來的。

・「我也不想發脾氣呀，可是我控制不住呀，它又不聽我的。」——情緒是無法掌控的，既無從預防、也無法趕走。

・「負面情緒都是不好的、糟糕的。」——負面的情緒帶來負面的影響。

・「有情緒、發脾氣是沒有修養的表現。」——有情緒最好不要表現出來。

・「怎樣才能控制情緒？」——情緒管理的目的是控制好情緒。

・「一見他那個鬼樣子我就不爽，都是他惹我的！」——產生情緒的原因是外界的人、事、物。

・「不要在外人面前這個樣子！真丟臉！」——情緒有好壞之分，愉快、滿足、就是好的；憤怒、焦慮就是修養不夠。

・「我有什麼辦法？不忍，難道要發火？」——不好的情緒，處理方式只有兩種：要麼忍耐，要麼爆發。

·「最近沒有心情，什麼都不想做。還是心情好的時候再做吧！」——情緒控制人生。

·「我都跟你講清楚了，你怎麼還哭？」——明白了道理，就應該沒有情緒了。

以上這十個觀點你同意幾個呢？如果絕大多數你都認同，我猜你可能是一個搞不定情緒的人，你太需要學習這部分內容了。其實以上這十個觀點全是對情緒的錯誤認識，請帶著這些問題在後面的章節中尋找答案吧！

關係失和，都是情緒惹的禍

一九六五年九月七日，一場緊張激烈的世界撞球冠軍爭奪賽在美國紐約舉行。美國選手路易士．福克斯（Louis Fox）發揮出色，個人得分遙遙領先，可謂穩操勝券了。就在路易士全神貫注地準備擊球時，一個戲劇性的場面出現了：不知從哪裡飛來一隻蒼蠅，穩穩地落在了路易士準備打擊的那個主球上！

路易士生氣地揮動球桿，把這隻討厭的蒼蠅趕走了。如此重要的比賽，居然有蒼蠅來「攪局」，這令路易士很不高興。正當他再次俯身準備擊球時，那隻蒼蠅居然又飛了回來，而且不偏不倚又落在那個主球上！觀眾哄笑起來。

路易士漲紅著臉，再次揮舞球桿，將那隻不知趣的蒼蠅轟走了！比賽繼續進行。路易士整整衣服，拿起球桿，再次準備擊打主球。這時，觀眾的哄笑聲突然像潮水一樣爆發出來——天哪！原來剛剛飛走的那隻蒼蠅竟然鬼使神差地再一次飛了回來，而且又停在了那個主球上！

面對觀眾的哄笑和蒼蠅的「戲弄」，路易士怒火中燒，再也控制不住自己的情緒，在其後的比賽中連續發揮失常，結果他的對手約翰後來居上，最後從路易士手中「搶」走了獎盃。路易士折斷球桿，氣呼呼地走出了賽場。

次日凌晨，人們在河中發現了路易士的屍體，原來，因失去獎盃而惱怒萬分的他選擇結束自己的生命。

我們不得不唏噓這位英傑的隕落，如果路易士懂得如何管理自己的情緒，故事的結局是否會有所不同？

情緒影響我們與世界、環境、他人、工作的關係，而能很好地說明情緒的多米諾骨牌效應破壞力的是美國社會心理學家利昂．費斯廷格（Leon Festinger）一個很出名的判斷，即「費斯廷格法則」：**生活中的10%由發生在你身上的事情組成，而另外的90%則由你對發生的事情所產生的反應來決定**。

卡斯丁早上起床後洗漱時，隨手將自己的高檔手錶放在洗漱檯旁邊，妻子怕手錶被水淋濕，就把手錶放在餐桌上。

兒子起床後到餐桌上拿麵包時，不小心碰到手錶，手錶掉到地上摔壞了。卡斯丁很心疼，就打了兒子一頓，然後黑著臉罵了妻子一通。妻子不服氣，解釋說是怕水把手錶弄濕，卡斯丁則說他的手錶是防水的，於是二人激烈地爭吵起來。

一氣之下卡斯丁早餐也沒有吃，直接開車去了公司。快到公司時，他突然發現忘了拿公事包，又立刻回家。可是家中沒人，卡斯丁的鑰匙在公事包裡，進不了門，只好打電話向妻子拿鑰匙。

妻子慌慌張張地趕回家時，不小心撞翻了路邊的水果攤，攤主拉著他不讓他走，他不得不賠了一筆錢才脫身。待拿到公事包又返回公司，卡斯丁已經遲到了十五分鐘，挨了上司一頓嚴厲的責罵，心情壞到了極點。下班前他又因一件小事，跟同事吵了一架；妻子也被扣除當月的全勤獎金；兒子這天參加棒球賽，原本奪冠有望，卻因心情不好，發揮不佳，他所在的隊伍第一局就被淘汰了。

這個案例裡，手錶摔壞是其中的10%，後面一系列事情就是另外的90%。由於當事人沒有很好地掌控那90%，才導致了這一天成為「心情不好的一天」。試想，假如卡斯丁在那10%發生後，換一種反應方式，比如撫慰兒子：「不要緊，兒子，手錶摔壞了沒事，我拿去修修就好了。」這樣兒子高興，妻子也高興，他的心情也不會變壞，那麼隨後的一切不幸就不會發生了。

你無法阻止痛苦的小鳥向你飛來，但你能阻止牠在你頭頂築巢；我們也許控制不了前面的10％，但完全可以透過調整情緒與行為決定剩餘的90％。**情緒是用來感受的，不要任由情緒掌控我們的生活，破壞我們的人際關係，影響我們的人生**。管理情緒的智慧是選擇如何去感受，並提升自控力。

阿強是一名快遞人員也是名校的大學生，從小父母離異。他深知自己家境不好，從小就非常努力上進。考上名校並沒有讓他懈怠，他一邊讀書一邊兼職送快遞，賺生活費和學費，同齡的學生娛樂、玩耍時，他在風雨或烈日中穿行於大街小巷。

這天他正在送外送，接到一通電話，原來他媽媽在街上買菜時和人發生了爭執，忽然暈倒了，被鄰居送到醫院，現在醫院通知他去簽字。阿強心急如焚，看著車上正在派送的三份外送，想趕緊送完這幾單就趕去醫院。可是越是著急，事情越不遂人願，送第二份外送時，客戶不接電話也不開門，眼看下一單要超時，他只能將外送放在客戶門口。好不容易送完，系統提示他收到一則負評，是第二件外送客戶給的評價。

看著那個刺眼的評論，他心中難受，勉強克制住情緒，騎著車趕往醫院。心神不寧、情緒不穩的阿強沒注意旁邊有一輛剛起步的車輛，自己的車尾在對方的車身上劃出一道長長的痕跡。

阿強急忙下車和對方道歉，誰知對方不斷叫罵並抓著他的領子不放，阿強想快點賠錢了事，對方卻不依不饒。一天的遭遇讓阿強強忍的情緒再也壓制不住了，他發瘋似的衝上去和對方打了起來，結果因為打架被送進了派出所。

像這樣的事情每天都發生在我們身邊，或許我們看到的只是當下的一幕，卻不知道「崩潰的成年人」背後發生了什麼。那些積壓在他們身上的小事，都有可能成為導致情緒崩潰的最後一根稻草。

當一個人處於過度情緒化狀態的時候，毫無理智可言，非常衝動，其行為具有多面性和不穩定性，還伴隨強烈的攻擊性。在許多惡性社會案件中，我們也可以看到情緒失控導致行為失控的現象。

犯罪心理學家研究指出，激情犯罪（Crime of passion，衝動型犯罪）占惡性案件80%以上，也就是說，大部分人之所以會做出難以挽回的行為，都是因為情緒失控。

我們也經常會看到，在婚姻中一些夫妻常常因為一點點小事而惡語相向，甚至大打出手，有時吵到最後、打到最後，都忘了到底是因為什麼而起衝突。真正的原因並非那些雞毛蒜皮的小事，而是他們內在堆積太多壓抑的情緒，因為人們往往容易放鬆緊繃的神經，把壞情緒丟給最親近的人。

慧子生長在一個「家暴」的環境，父親經常打他和他的母親，後來母親離了婚，重新組建家庭，但是父親對慧子的影響似乎並沒有因此而終結。因為父親的影響，慧子在擇偶時尤其避開可能會有暴力行為的男性，所以他的先生看起來很溫和，彬彬有禮。

慧子在婚後開始過得很幸福，但是不久他就開始有意無意地挑釁丈夫，丈夫遇到棘手的事情，他就在旁邊冷嘲熱諷；丈夫在工作中受了氣，他就罵丈夫沒用。有時候他的丈夫很生氣，就會和他吵幾句，情緒激動的時候，他就會大聲地對丈夫說：「有種你打我啊？」甚至會主動衝上去和他動手，歇斯底里。後來慧子跟我傾訴：「其實我很愛他，但是我就是忍不住想折磨他。」

可能慧子自己都沒有意識到他的心裡積壓了很多小時候對父親的不滿和憤怒，當他遇到能讓他感覺到足夠安全的丈夫時，那些潛藏的情緒就忍不住釋放了出來。在後面的章節我們也會提到這類「潛意識情緒」，這樣的關係是相當危險的，因為丈夫也在不斷地隱忍，終有一天，當兩個人都爆發的時候，後果難以預料。

所以，要想關係好，首先情緒穩！**經營好關係的前提是管理好自己的情緒**。

練習：參與團體學習

如果你想探索自己的情緒狀況、提升覺察能力、妥善管理情緒與壓力，甚至瞭解並適當應對他人的情緒，使自己成為成熟、健康的人，那麼在閱讀本書的同時，請準備與同學組成一個團體，透過親身體悟、分享討論、實際演練等方式，互相說明，共同學習，這樣才能更深入、有效。

尋找三至六位同學，組成一個「自助助人」成長團體來進行學習。

團體中至少有兩種角色：領導者與成員，每個人都有機會在團體中扮演這兩種角色。

共同選定適合的時間及場地（安靜、寬敞、空氣流通），促進團體成長。

如果你願意加入我們的線上學習互助小組，也可掃描QR碼加入助教的微信，助教會幫助大家組建線上學習小團隊，共同學習成長。

一個人走得快，但一群人走得遠。

為什麼我們總是控制不了情緒呢？

經常有學員問我：「老師，我要怎麼樣才能控制好自己的情緒呢？」問這種問題的人心裡已經認定了一個前提——情緒是可以被控制的，我只需要掌握適當的方法就可以。但這個前提真的成立嗎？情緒真的可以被你的頭腦所控制嗎？如果真的能控制，那些身心和人際關係的麻煩問題早就沒有了。

你能控制你的呼吸嗎？如果呼吸是由你的頭腦在掌控，那真是太嚇人了，萬一哪天你相當投入地玩手機，興奮過頭忘了呼吸，人就沒了。別說呼吸，我們的頭腦連睡覺這樣的小事都無法控制，很多人都有這樣的體驗：躺在床上，越想睡著，越翻來覆去睡不著。

生命的真相是，無論你承認或不承認，情緒是不能完全被你的頭腦所控制的，沒有人能說「我現在要開始高興了」，那麼他就一定真的能高興起來；沒有人能說「現在我準備開始悲傷了」，他就真的可以悲傷起來。

全是三重腦惹的禍

美國神經系統科學家保羅．D．麥克萊恩（Paul D. MacLean）在一九九〇年提出大腦三位一體（Triune brain）理論。根據腦科學的研究，我們把大腦簡單分成三個不同的功能區間，第一個區間是爬蟲腦複合區，包括腦幹和小腦，它是人的原始大腦，控制人的睡眠、飲食、繁殖和自我保護等生存本能，以及享樂等幾乎所有欲望；第二個區間是情緒腦，也稱古哺乳動物腦和邊緣系統，包括下視丘、海馬迴和杏仁核，控制人的情緒、情感和長期記憶，它是表達感受和情緒的感性中心；第三個區間叫新腦，也稱新哺乳動物腦、新皮質，包括左右兩個腦半球，控制思維、邏輯、語言、想像力等所有的「高級」功能，是理性的中心。大腦的這三個功能區間各有分工，各司其職，你想用掌管理性的新腦控制掌管感性的情緒腦，這就「越權」了。

為什麼我們懂那麼多的道理，卻依然過不好我們的人生？

因為「懂道理」屬於理性思維，是新腦掌管的範疇，而生活中太多的感性情緒卻是情緒腦負責的範疇。我們的人生，其實是三重腦共同運作的結果，甚至在重要事件上，感性情緒所發揮的作用比理性思維更大。

這裡有個認知的誤區：有些人以為，只要明白了道理，就不應該有情緒了；而真相卻是，**道理是道理，情緒是情緒，道理懂得再多再好，都不代表你會沒有情緒**。

舉個例子，孩子剛開始上幼稚園時，因為要與媽媽分離，總是會很害怕而哭鬧不止，媽媽為了安撫孩子的情緒，會跟孩子講一堆道理：「你要乖乖的，媽媽一定會準時來接你的。」「不哭不鬧才是好孩子呀！」「如果你不哭，回來我就買東西給你吃。」就這樣連哄帶騙、講道理，能講的全講了，孩子彷彿也聽懂了、答應了、同意了。

等到早上出門要跟媽媽分開時，孩子又照樣哇哇大哭起來，之前講的道理全部拋在這一刻的情緒之後，於是媽媽就生氣了：「我之前不是跟你講好了嗎？你都明白了為什麼還要哭鬧呢？怎麼這麼不講道理呢？」其實，那麼小的孩子哪裡聽得懂那些道理，就算聽懂了也無法做到。父母以為把道理講清楚了孩子就應該乖乖地沒有情緒，這才真的叫不講道理！三歲孩子的大腦發育還很不完全，掌管道理的新腦還無法像成年人一樣運作，你叫他怎麼懂道理呢？

那為什麼成年人的新腦已經發育得很完善，有足夠的理性控制力了，可道理仍常常沒用，依然情緒失控呢？因為情緒腦的反應速度通常遠遠快於新腦，換句話說，情緒腦會走高速公路，而新腦走的是快速道路，總是情緒發作之後，理智才慢慢跟上，這就是我們常說的「我控制不了我自己」。

這裡有兩個我，前一個我是新腦代表的理性的我，後面那一個我是情緒腦代表的感性的我，古人說的「情不自禁」也是在說新腦與情緒腦的衝突。

那麼，在什麼樣的情況下，新腦完全控制不了情緒腦呢？或者說，什麼時候會情緒失控呢？答案是——當情緒的垃圾箱裝滿了的時候。

你的情緒垃圾箱滿了嗎？

個人的身體裡都會有一個情緒的垃圾箱，它專門用來堆放和儲存一些你不喜歡的負面情緒，比如悲傷、憤怒、沮喪、忌妒、憎恨等。我們往往會下意識地把這些我們不喜歡、自認為不好或他人不接受的情緒壓在心底，不允許自己表現出來。

比如，小的時候我們常常被教導「男兒有淚不輕彈」，一個有修養的人應該是心平氣和的，女孩子應該溫柔、聲音要柔和，這些信念讓我們把很多已然升起的情緒壓抑了下去，裝進身體內在的情緒垃圾箱。

你可以想像在你的身體裡，有一個空間，當你生氣的時候，你就把生氣的情緒丟進垃圾箱；當你憤怒的時候，就把憤怒的情緒丟進垃圾箱。不管發生了什麼事情，每當你遇到讓你不舒服、不開心的事情，就把所有不好的情緒統統裝在這個垃圾箱裡，只裝卻不倒，總有一天垃圾箱會「爆滿」，這時新腦再也無法控制情緒腦，任何一點小事都可能成為壓垮駱駝的最後一根稻草，引發巨大的情緒洪流，一觸即潰。

當垃圾箱裝滿的時候，你曾倒過垃圾嗎？你多久倒一次垃圾呢？放在你客廳的垃圾箱是不動的，而你身體內的情緒垃圾箱卻不會那麼聽話。因為情緒的本質是一種能量，而能量是始終處於運動狀態的，也就是說，那些被壓抑在身體裡的情緒垃圾並不是靜止不動的，它們希望被看到、被宣洩、被表達，只要有一絲機會就會跑出來。

可是，我們頭腦的理智又不允許它們出來，於是這兩種能量就會在我們身體裡打架，一個能量想要出來，而另一個能量想要壓制它們，這種長時間的內耗會讓人變得疲憊、無力甚至抑鬱。

越是不被我們接受的情緒，我們越是覺得見不得光的情緒，我們就越會把它們狠狠地壓在裡面，不讓它們出來。那麼我們是用什麼把這些情緒壓在身體裡面的呢？我們會動用寶貴的生命力（中國文化裡講的精氣神）去壓制它們、對抗它們，這時身心會進入一種「內耗」的狀態，內在被壓制的情緒越多，壓制它們所消耗的生命力也會越多，於是能用來應對生活中各種事務的精氣神就會越來越少，總感覺心有餘而力不足。當我們的生命力不足以壓制這些情緒時，就容易生病。

還有一個問題，你知道這個「情緒垃圾箱」實際上是在什麼位置嗎？當然是在我們的身體裡！主要是在我們的臟腑器官。如果我們的身體和五臟六腑承載了太多的情緒能量，時間久了，就會百病叢生。

所以，別再想著控制情緒了，情緒是不能被控制的，新腦無法操控情緒腦。我們需要做的不是對抗、忽略、壓抑和否定情緒；不要把它當成敵人，總想要搞定它、消滅它，而應該接納它，合理地釋放和疏導情緒。

《論語》中有一節講到顏回死了，孔子到顏回家弔喪，情不自禁放聲大哭，哭得昏天黑地。在弔喪回來的路上，跟隨孔子一起去的人說：「先生你今天真是大哭不止呀！」言下之意是，這樣做似有不必，有失顏面。孔子卻說：「我不為這個人放聲大哭，還能為了誰哭呢？」你看，孔子多麼真實自然，情動於中，自然流露。

正如《中庸》所說：「喜怒哀樂之未發，謂之中；發而皆中節，謂之和。」中，是指喜怒哀樂的情緒沒有表現出來的時候；和是指情緒表現出來了，但符合節度。情緒自然流露，不隱藏、不做作、不傷己、不傷人，這才是和諧的狀態。

練習：認識自己的情緒

本練習的目的是讓每個人覺察自己常有的情緒及其伴隨的行為，藉以更瞭解自己。

思考一下，自己最常出現的情緒是什麼（正面、負面均可），並寫出在何種情境下會有此情緒，以及此情緒發生時，自己在語言方面最常用的表達，在生理與非語言行為方面有何反應、變化與表現。

填寫完畢，彼此分享，並討論有何發現、有何感想。

最常出現的情緒	出現的情境	口語表達	生理與非語言行為
開心	跟朋友吃大餐	好幸福呀	眉開眼笑
生氣	老公不幫忙顧小孩	為什麼都是我在顧	咬牙切齒、呼吸加快、臉部漲紅

情緒到底是什麼？

如果我們想知道現在房間裡的溫度，我們會使用溫度計。我把我們的心靈也比喻為一個房間，假設你想測量內心的溫度，你會用什麼方法呢？

某一天早上你來到辦公室，聽說你們部門一位和你一起進公司的同事升職了，成了你的上司，你會有什麼樣的感受呢？你心靈房間的溫度會升高還是降低？你和伴侶約好一起用晚餐，當你等了半小時他還沒有出現，這時你心裡的溫度又是怎麼變化的呢？你心裡的溫度應該用什麼來測量呢？如何才能夠知道你此刻內心的溫度是升高了還是降低了呢？我們內在心靈空間的溫度計就是兩個字——感受。

感受和情緒又有怎樣的關係呢？如果我們心裡的感受是開心、喜悅、放鬆的，那麼你外在的情緒表現也會是喜悅、放鬆的。它們會具體表現在你的感官上，你的嘴角會上揚，眼睛會放光，聲音變得高亢；如果我們心裡的感受是緊張的，那麼外在情緒表現就會是緊握雙手，呼吸急促，聲音也變得不穩定。所以情緒與我們的內在感受有關：**情緒是內在感受的外在表達，感受在內，情緒在外，同步發生**。

感受可以分為舒服的感受和不舒服的感受，同理，我們會下意識地把情緒分為正面情緒和負面情緒。其實情緒本身無所謂正面或者負面，情緒是中性的，不會因為你喜歡或不喜歡它就發生改變。

如果把某些情緒定義為負面情緒，其實恰恰是在暗示自己這些情緒是不好的，我不喜歡，我不想要。凡是我們所抗拒的，終將持續，這些所謂的負面情緒其實對於你來說有重要的意義，可以告訴你很多資訊，我們將在後面的章節講述這個部分。

我這裡用舒服和不舒服來描述這些情緒，令人舒服的情緒有開心、興奮、喜悅、快樂、愛等，可以直接滋養我們的生命力，讓我們感覺到生命的美好；不舒服的情緒有害怕、憤怒、羞恥、恐懼、悲傷等，會推動我們改變、成長，從不舒服中解脫出來。

情緒是與生俱來的，但情緒的表達方式卻是靠學習得來的。既是透過學習得來，當然就可以經由學習而改變或管理。

基本情緒是指生而具有的原始情緒，是不需要學習即能表達的情緒。《禮記．禮運篇》對基本情緒有如下記載：「何謂人情？喜怒哀懼愛惡欲，七者，弗學而能。」古人認為這七種情緒是先天具有的，不必學習就會有。西方的有關學者主張，人有六種基本情緒：疑惑、喜愛、怨恨、欲求、快樂與哀傷，他們認定的基本情緒大多數與中國古人的看法相似，可見基本情緒是跨文化的、具有普遍性的。

除了基本情緒外，還有很多在此基礎上發展出來的複雜情緒，稱為衍生情緒，比如羨慕、不安、焦慮、憂鬱、羞愧、緊張、興奮等。這些情緒通常都是好幾種情緒的混合體，比如憂鬱裡可能包含害怕、失望、無助等。對情緒的認知越清楚，情緒對我們的影響就越小。

情緒的物理本質到底是什麼呢？它無形無象，很難用幾句話來定義。情緒以能量或氣的形態在身體中運行，不同的情緒有不同的運行方向。有一些情緒能量運行方向是自下而上的，比如憤怒，《黃帝內經・素問・舉痛論》說「怒則氣上」，當人憤怒的時候會發現身體中有一股巨大的能量氣流直往上衝，一直衝到頭部，使頭髮根都豎了起來，這就叫作「怒髮衝冠」，而方向向上的情緒還包括興奮、激動、自豪等。

還有一些情緒能量的運行方向是自上而下的，比如沮喪，有一個成語叫作「垂頭喪氣」，當人沮喪的時候，情緒能量運行的方向是自上而下的，頭會垂落下來，感覺渾身沒有力氣。很多我們不喜歡的負面情緒，其情緒能量的運行方向都是自上而下的，比如悲傷、失望、無助、難過等。

還有一些情緒能量的運行方向是從後向前的，比如我們在生氣、指責別人的時候，手指就會下意識地指向前方；還有一些情緒能量的運行方向是自前往後的，比如恐懼、驚慌、害怕時，我們會感受到身體自動向後退縮。

這裡想強調一下，情緒的內容和情緒的能量是不同的，情緒的內容是指情緒是關於什麼，它包括情緒的名字、觸發情緒的環境以及對這個情況的不同回應，而情緒的能量是我們在身體內外層面的狀態和感受。例如：

・焦慮——如果我沒有足夠的錢繳信用卡帳單怎麼辦？

・傷心——我到底做錯了什麼，他要這樣對我？

我們往往習慣解決外在的問題，卻很少處理內在的情緒。比如，當沒有足夠的錢來還信用卡帳單時，我們第一時間會怎麼辦呢？會迅速思考怎麼解決問題，找誰借錢，怎麼借，或者用什麼方式快速籌到一筆錢，然後馬上行動，幾經周折，總算在還款日期到來之前還完了信用卡的錢。

是的，外在的金錢問題解決了，危機解除了，但是從沒錢到借錢、還款的整個過程中，我們處理過身體內在因為這件事情而產生的那些焦慮、擔心、害怕、煩躁、羞愧等複雜的情緒能量嗎？它們會因為現在錢還了就自動消失嗎？當然不會。如果這些已經發生的情緒能量沒有被處理，那它們在哪裡呢？它們像垃圾一樣被掩藏或壓抑到身體和潛意識中，日積月累，越積越多。**能量不可能消失，只可能被轉化，當我們瞭解了情緒的本質，就要有意識地學習在身體層面清理不良的情緒能量。**

也許你會覺得：哎呀，情緒太麻煩了，要是沒有情緒就好了。假如沒有情緒，我們的人生會變得更輕鬆快樂嗎？

歷史上還真有人這麼做過。當時人們已經知道大腦的前額葉會影響人的情緒反應，為了治療憂鬱症等精神疾病，有醫生開始嘗試切除前額葉。然而，人們陸續發現手術後的病人變得無精打采、缺乏感情，沒有什麼情緒反應，無喜無憂，無悲無樂，甚至失去了自我。原以為是「奇蹟手術」的前額葉切除術，頓時在全球遭到禁止。

原來，當一個人沒有了情緒反應，沒有了喜怒哀思悲恐驚後，生活並不會變得更加幸福；相反，生命會因缺乏體驗而變得毫無意義。由此我們知道，情緒非常重要，它是生命的重要組成部分，無情緒，無人生。

總結一下本節的內容，情緒到底是什麼呢？

1. 情緒是人內在感受的外在表達。
2. 情緒的物理本質是能量（氣）。
3. 情緒分為基本情緒和衍生情緒。
4. 情緒是生命的重要組成部分，不可或缺。

練習：情緒字典

當我們想找一個恰當的詞語來形容或表達心情時，會發現用來用去都只是有限的幾個，如生氣、煩躁、開心、焦慮等。看來，我們對情緒的認知太少了。

現在請你想出更多的情緒名稱，以便更恰當地表達情緒。

正面情緒：

負面情緒：

情緒能量的層級與分類

根據情緒產生的根源，可以把情緒分為三個層級：意識層面的情緒、潛意識層面的情緒以及無意識層面的情緒（圖1）。

● 意識層面——心智

意識層面的情緒多半與現實中即刻發生的人、事、物有關，我們可以清晰地感知是因為某件事的發生而產生了某種情緒。比如，一大早開車上班時，不小心跟別人的車擦撞了，感覺很惱火；點了一份外送，都一小時了還沒送

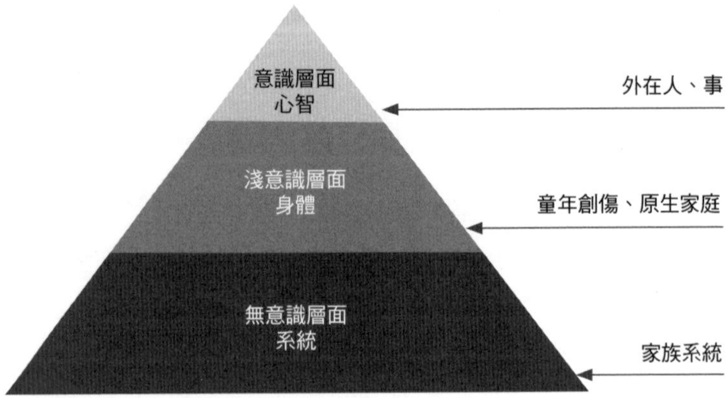

圖 1　情緒層面分級

來，感覺特別煩躁、生氣；叫車上班，結果在路上塞了二十分鐘，還遲到了，感覺又緊張又擔心；明天公司開會時，你要上臺報告，現在演講稿還沒寫好，一整天都在焦慮；年終考核你們部門沒過關，大家都感到沮喪、失望。

這些情緒與當下發生或經歷的事情有很大的關係，它們來得快去得也快，而且通常是一次性或階段性的，事情過去了，情緒也就慢慢淡了，再過段時間想起這件事時，情緒反應並不大。相對而言，意識層面的情緒是比較容易處理的情緒，第二章我們會講解詳細的處理方法。

潛意識層面——身體

潛意識層面的情緒相對複雜，主要和我們的原生家庭及所經歷的創傷事件有關。童年時，我們常常不得不屈從於環境和養育者的教養方式，或者面對很大的競爭壓力，那些因此被壓抑的感受、未被充分表達的情緒、重大生活變故等引發的情緒都會變成碎片，存儲在我們的潛意識中。

這些碎片存儲了大量被壓抑的情緒，比如你是否會有不知緣由的悲傷、莫名的孤獨、無名火、下意識的擔心和害怕、經常性的緊張和焦慮等，這些情緒並不一定是由當下的場景或事件引起的，你自己也不知道為什麼總是這樣，但它們總會不請自來、不期而至，而且一旦來了，持續的時間又會比較長，有時幾小時、有時幾天，甚至更長，大大地影響了自己的生活狀態。

這些反復發作且具有強迫性的情緒，其實是我們的內心在不斷呼喊，邀請我們去關注過往的心結、未被滿足的期待或曾經的傷痛。我們總以為時間可以撫平過往的傷痛，但其實時間只能讓我們與傷痛和平共處，卻不能讓傷痛完全消失。

凡是涉及父母關係、伴侶關係及親子關係的衝突與情緒，多半都是潛意識所引起的，表面上看，其與當下發生的事有關，而實際上卻是因為它觸及了我們內在的深層次創傷，所以引起的反應會比較大，傷害性和影響力也更大。

我們用處理意識層面情緒的方式來處理潛意識層面的情緒往往收效甚微，因為它們被壓抑得太深，被遺忘得太久，需要借助一些專業技術，才能安全地一點點深入那個柔軟、易受傷的內心角落。就像如果我們身體的病變是來自身體內部，我們就無法自行完成一場治療的手術。我們將在後面的章節介紹如何處理潛意識層面的情緒。

● 無意識層面——系統

無意識層面的情緒則更為複雜，它和我們的父母、祖先、家族以及更大的系統相關，具有極大的遺傳性和延續性，它可能並不是源自於你人生任何一段親身經歷，它在你出生之前就已經存在於你的家族系統裡了。

這些情緒並不屬於你，但你會受到它們的影響，在家族系統排列學（Family Constellation）中，這被稱為「轉移情緒」。表徵遺傳學（Epigenetics）研究成果也揭示了這類情緒在基因層面的家族延續，所幸很多相關領域的專家們透過不斷深入研究和臨床試驗，已經發展出相應可以幫助我們處理這方面情緒困擾的技術，對此我們在後面的章節會加以介紹。

情緒的能量層級理論是美國著名的心理學家、意識能量研究先驅大衛・R・霍金斯（David R. Hawkins）博士在其研究中提出的。他透過儀器測試在不同情緒狀態中的振動頻率，以此為依據標出了各類情緒的能量值，越高振頻的情緒賦予我們越多的美好感受，處於高能量振頻狀態的人更容易感知世間美好的事物，也更容易獲得某個領域的成就，對社會做出更大貢獻。當人的能量層級達到 200 以上時，我們才有勇氣和動力去發展自己，促進自己成長。

處於低能量振頻狀態的人很容易失去動力，一個人的能量層級如果低於 200，就開始經常性地感到疲憊，無心做事、消沉。而當能量層級低於 75 時，人們常常會表現出抑鬱的狀態，嚴重損害我們的身心健康。

長期處於低能量振頻狀態的人，生活的各個層面都容易出現問題，所以能量值 200 是一個分水嶺，它決定我們的生命是向著更有活力、更幸福、更成功的方向，還是走向低迷、抑鬱和消沉。當我們感受到愛與被愛的時刻，能量層級高達 500，這也是推動人類社會進步和發展的動力。接下來我們來看看霍金斯博士定義不同能量層級的情緒感受分別是什麼吧！（下頁圖 2、圖 3）

一、負能量層級：

1. 羞愧（20）：羞愧是能量層級最低的情緒，有個詞叫作「無地自容」，就是在描述羞愧者的狀態——恨不得找個地縫鑽進去，或者希望自己能夠隱身。長期處於這種情緒狀態會嚴重破壞身心健康，嚴重的還會讓我們生病。
2. 內疚（30）：內疚情緒的能量層級之低僅次於羞愧，它是對自我的攻擊、批判。內疚往往會引發一系列的負面情緒，如自責、懊悔等。
3. 冷淡（50）：冷淡意味著無助，對世界失望，喪失信心。冷淡者往往為生活所迫，受盡現實壓迫，凡事都漠不關心，認為沒有期待就不會有失望。冷淡者將自己禁錮在狹小、安全的世界中，生命能量也被壓抑在自己製造的牢籠中。

4. 悲傷（75）：悲傷意味著喪失和分離，失去了重要的人、事、物，就會感到無力、失落。對於所失去之物依賴越多，悲傷也越深。

5. 恐懼（100）：恐懼源自極度的不安全感，在恐懼的能量層級中，世界充滿了危險、陷害和威脅，恐懼甚至會阻礙我們敞開胸懷，妨礙個性的成長，更甚者會將意念集中在尋找那些威脅自己存在的可能性，在意象中製造威脅自己的敵人。恐懼阻礙了能量的提升，讓人無法感受到其他美好的情緒。

6. 欲望（125）：欲望是推動人類行為的動力，欲望過多或者過少都會對人產生一些負面的影響。我們會被欲望推動，付出大量努力達成目標，但欲望可能發展為貪婪，極大地消耗我們的生命力，使我們無法關注更為廣袤的世界。

7. 憤怒（150）：憤怒是欲望層級之上的能量，當欲望不被滿足的時候，憤怒便應運而生。憤怒的不穩定性很容易導致憎恨和復仇心理，而這些具有破壞性的情緒會逐漸侵蝕我們的心靈。

8. 驕傲（175）：比起負向能量層級中的其他情緒，驕傲是相對積極向上的能量，它可以帶給人比較正向的感受，但同時它也是不穩定的，因為它是建立在外部條件之上的感受，一旦外部條件不允許，就會掉入更低的能量層級中。而為了能夠保持這種相對良好的感覺，人很容易在防禦和攻擊中自我膨脹，最後演化為傲慢，這些都會阻礙我們往更高的能量層級成長。

二、正能量層級：

1. 勇氣（200）：進入勇氣這個能量層級後，我們開始有力量去給予和回饋他人，感受到更多價值，也越發有能力拓展自我，果斷決策，把握機會，獲得成就。
2. 淡定（250）：處於淡定的能量級可以讓我們靈活、無分別地看待問題。我們的精神領域得到了發展與拓寬，我們開始可以看到更多可能性；同時這也意味著我們不再恐懼挫敗，內心堅實而穩定。淡定也是一個有安全感的能量級，到了這個能量級的人們可以自然地與各類人相處，淡定從容，並且能讓他周圍的人感到溫馨、可靠。
3. 主動（310）：在這個能量層級中的人更加積極為他人和社會貢獻，更關注人類共同的事業，致力於創造更多的價值，推動人類文明的進步。他們自我的成長和發展更加暢通無阻，他們會積極地學習和尋找資源，很容易獲得社會認可的成就，即便遭遇重大的挫折，他們也能夠很快做出調整，重新起航。
4. 寬容（350）：在寬容的能量級，人們開始意識到自己才是自己命運的主宰，可以全然為自己負責，不再向外尋找原因，所以沒有什麼「外在」的人、事、物能影響其內在的感受和體驗，人們可以主動地選擇愛或者被愛，不再靠他人的給予來滿足自己。寬容意味著我們能認清生活原本的樣子，不再陷入自己虛構的故事情節中，可以如實地活在當下。

5. 明智（400）：明智是進入超然狀態的能量級，這裡也是科學家的能量層級。處於這個層級的人們開始關注宇宙真理，並且在探究真理的路上不斷獲得動力。

6. 愛（500）：愛是通往更高維智慧的通道，當人們處於愛人愛己的能量狀態時，強大的驅動力便源源不斷地湧現出來，我們可以輕鬆地在不消耗自己的情況下給予他人饋贈。

7. 喜悅（540）：喜悅是一種由內而外發生且持久的美好體驗，與欲望滿足時獲得的快感不同，它擁有更強大的精神動力，這種動力滋養著我們的生命。喜悅使人們更傾向於追求美好的事物，渴望真善美。

8. 平和（600）：在這個能量層級，人們看待事物的方式不再局限於簡單的理性分析層面，進入更深的、無法言語化的超意識共振當中，能夠到達這裡的人非常稀少。內在與外在的區分在這裡消失了，人們開始用精神去感受世界。

9. 開悟（700～1000）：這是產生強大靈感的能量級，達到這個能量級的人足以影響全人類的發展，是人類意識進化的頂峰。

瞭解了情緒能量層級分布，可以自我評估一下：我目前在哪一個層級？我接下來要怎麼繼續往上升呢？

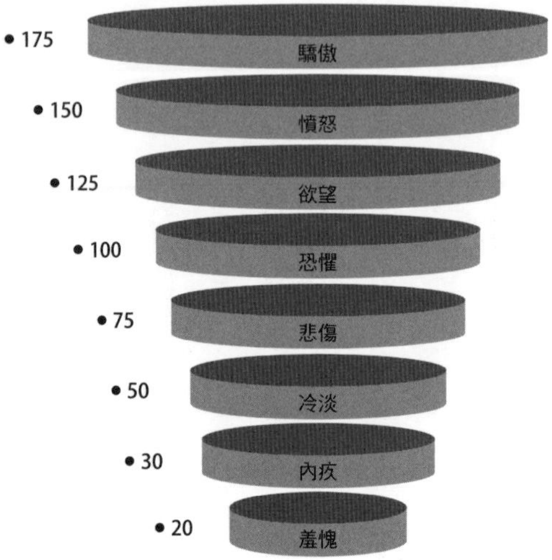

圖 2　負能量層級

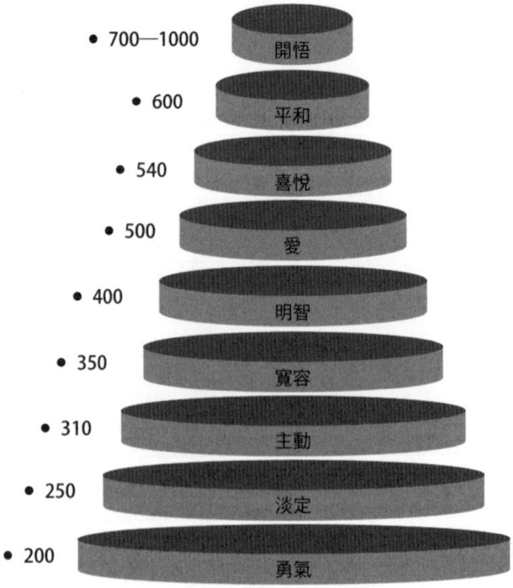

圖 3　正能量層級

練習：說話童年

1. 回顧並寫出三個你在生活中常常反復出現的潛意識情緒。
2. 認真感受一下，這些情緒最早出現在你成長的什麼階段？童年時期，發生什麼事、面對什麼人會引發相同的情緒？
3. 當你想到這些過往時，內在的情緒感受是什麼？
4. 現在的生活中，什麼人、什麼事會觸發你相同的情緒呢？
5. 你是如何處理這些情緒的呢？
6. 與你的小組成員分享自己的覺察。

第二章　處理情緒

——如何有效應對不同層面的情緒。

面對情緒，我們除了發洩、壓抑、逃避，還有什麼辦法？
情緒就要爆發了，怎麼快速宣洩，恢復平靜？
總是莫名地感到悲傷無助，不自覺地掉到情緒的旋渦裡，
我該怎麼辦？

處理情緒的三大誤區

我有一位學員是一名醫務工作者，他在工作中總會遇到一些「難纏」的病人，有時候因為等的時間久了，或者沒有能及時得到回覆，病人就會罵他。每當這樣的情況發生，他就難以抑制心中的焦躁，無法安定心神，對工作心生恐懼，越來越缺乏耐心。他也知道自己的情緒出了問題，卻不知道該如何處理。

是的，影響我們心情的事情有很多，每當有不良情緒升起，我們第一時間總是想方設法地控制它，生怕它跑出來；或試圖在處理事情的層面去解決問題，以為問題解決了，情緒也被解決了。真的是這樣嗎？

下面來看看我們經常用來面對情緒的方式。

● 戰鬥姿態

我們擁有遠古時期人類遺留下來的一套生存法則，一些不好的感受提醒我們可能面臨巨大的威脅，能激起我們戰鬥的欲望。如果一個人的內在感受是痛苦、不舒服，就會激起他本能的對抗反應，表現形式包括攻擊、評判、命令、指責、吼叫、咆哮、漫罵、打架、摔東西等，我們將這種方式稱為「戰鬥姿態」。

這種方式通常讓人不敢靠近我們，勢必會造成人際關係的緊張。這類人獨立自主，有領導才能，能量充沛，相對自信，在工作或生活中通常承擔很多，內心孤獨，害怕失去控制，不信任他人，有被壓抑的無助感，卻習慣將無助感變成憤怒表達出來。常見的軀體反應有肌肉緊張、背部酸痛、循環系統障礙、高血壓、心臟病、甲狀腺疾病、關節炎、便祕、氣喘等。

逃避姿態

有一些人面對自己不喜歡的情緒時會選擇回避，忽視這種感受，假裝這種情緒不存在或者用各種方式轉移自己的注意力：女性通常會暴飲暴食，吃高糖、高熱量的食物，或者購物、追劇；男性會透過抽菸、喝酒、打麻將或玩遊戲等行為來麻痺自己，暫時不去面對。還有一些人會透過沉浸在工作中，把注意力都集中在忙各種事情上，回避那些令其不舒服的感受。在人際關係裡，他們害怕衝突，會為了維持關係而逃避內在真實的感受，習慣閃躲，避重就輕，不願溝通。

情緒能量一旦產生，不管你看或不看，它都在那裡，不會因為你不看它就消失。你越逃避，越不去看它，潛意識判定你沒有接收到訊息，會發出越強烈的信號讓你看到，最終甚至發展成某種特別的病症來提醒你，與之相應的軀體反應有內分泌疾病、血液病、心臟病、胸背痛等。

壓抑姿態

有些人態度平和，善解人意，常常會講述自己的委屈和傷痛，但卻很少表現出憤怒，有一個詞特別適合描述這種狀態——「忍氣吞聲」。當他們感覺情緒要冒出來的時候，就深吸一口氣，把衝到嘴邊的那股悶氣給憋回去。

他們的疲憊往往源於心理能量的超負荷，那些被拚命壓制住的憤怒和滿腹委屈會消耗大量的生命力，而內心的疲憊非常容易破壞他們的免疫系統。這種狀態可能造成的身心反應有神經質、抑鬱等，軀體反應有消化道不適、胃疾、噁心嘔吐、糖尿病、偏頭痛、便祕等。

以上就是我們慣用的處理情緒方式，大多數人是幾種方式混合在一起，在不同的場合對不同的人用不同的方式，或者對同一個人在不同的情境用不同的方式，不過這三種狀態中，一定有一種主要的方式是你最習慣運用的。

如果不戰鬥、不逃避、不壓抑，我們可以怎樣應對情緒呢？

想像你被關在一間黑屋子裡，沒有窗戶也沒有任何可以逃跑的路徑，門被緊緊地反鎖著，更不幸的是這間屋子裡同時還關著一頭獅子。現在，你無法逃走，你能做些什麼呢？你唯一可以做的就是看著牠，和牠待在一起。

其實最可怕的並不是被獅子吃掉的瞬間，而是因為幻想著被獅子吃掉而產生的巨大的恐懼。當我們面臨這樣的狀態時，我們必然會感到恐懼，但當你發現無論做什麼都無法避開你所恐懼的東西時，你唯一能做的就是面對它。當你真正面對它時，才會發現，原來那只是一頭石獅子！其他臆想都是恐懼創造出來的！

那頭獅子就是我們的情緒，我們不用逃避也不用想著打敗它；跟它待在一起，承認它並和它共處一室，真正面對它，充分體驗那份情緒，這才是真正在處理情緒。

想像你此刻正蹲在一條小河邊玩水，一朵美麗的蓮花順流而下，流經你的手，你第一時間會想做什麼？當然是伸手，拿起這朵花！因為你想要！

我們對美好的事物總是想要擁有，現在想像你還是在河邊玩水，這次順水漂過來流經你的手的不是花朵，而是一坨糞便，請問你第一時間會想做什麼？退後已經是第二反應了，其實我們的第一反應是推開它。我們對討厭的事物總是想要排斥，可是當你伸手推糞便時，雙手恰恰會沾染糞便，你越想抗拒，越會被裹挾。

這裡的糞便就像我們所討厭的情緒，越是排斥它，越是想推開它，越容易被它影響。那最好的處理方式是什麼呢？回到那個畫面，你的手邊流經一坨糞便，現在，你不再出手推開它，只是看著它，讓它順水而下，任它來，隨它去，這就是接納。因為情緒能來就能走，你要做的，只是允許和觀察，這就是如實如是地接納自己的情緒。

練習：照鏡子

一、當你面對情緒時，通常有什麼反應？請寫下當你有下列情緒時的行為表現或反應。

1. 快樂。
2. 生氣或憤怒。
3. 委屈。
4. 悲傷。

5. 恐懼。
6. 忌妒。
7. 挫折。

二、寫畢，大家一起討論以下問題，並分享心得。
1. 當你有這些情緒時，你有何反應或行為產生？
2. 為何是這樣的反應或行為表現？它們受何因素影響？
3. 你的反應與其他成員的反應有何相似或不同之處？你認為這代表了什麼？

三、彼此討論並分享，你有何學習體會或心得。

正確處理情緒的七種方法

幸運的是，就像大自然擁有淨化的能力一樣，我們天生便具有一些天然的安全釋放情緒方法，它會幫助我們自動釋放一部分情緒的能量，只要能量不超出一定的範疇，身體會自發地透過一些方法舒放情緒，恢復平衡。

哭笑皆是方法，文字也有力量

一、哭

每個人都會哭，但是如何哭才能更有效地舒放情緒呢？

選擇一個沒有人的地方，讓自己大哭一場，哭的時候你可以放開聲音，讓氣從丹田發出來，震盪心肺，號啕大哭，這種哭會幫助你帶出卡在身體中的情緒能量，使之充分釋放。小孩子就是用這種方式來處理情緒的，所以他們大聲哭完後，身心舒暢，馬上進入當下的快樂。

一些傳統思想會告訴我們「哭是軟弱的表現」，所以很多人都會覺得哭是一件很丟臉的事情，其實內在真正有力量的人敢於接納自己的脆弱，**勇敢並不是沒有脆弱，而是在自己脆弱的時候依然願意面對**。

二、笑

有一次我被邀請為一個女性論壇的演講嘉賓，同臺演講的一位老師講到如何用笑來釋放情緒和治病，據說他用笑療的方法治癒了很多重症病人。他分享那些配合笑的體勢和動作，的確可以幫助人們快速地打開胸腔、腹腔、喉腔，再透過哈哈大笑的方式讓情緒的能量得以流動和釋放，所以人們常說笑治百病是有一定道理的，氣血舒暢，自然身心愉悅，病也容易好。

在心理學的研究中有一種「心理假動作」，就是讓我們刻意的行為反作用於內在的情緒感受，所以當我們有意識地練習笑時，情緒也能以一種積極、自然而然的方式釋放出去。你不可能一邊開心地笑，一邊持續地感到沮喪，所以笑著笑著，感覺好像就沒那麼糟糕了。怎麼笑呢？琢磨一下這些詞就知道了——哈哈大笑、仰天長笑。

三、夢

你在夢中體驗過特別強烈的情緒感受嗎？那種感受醒來後仍感覺很真實。做夢是我們的潛意識在幫助我們釋放情緒，白天壓抑下來的細微情緒，會在夢中以獨特的隱喻或故事的方式呈現出來，並且不用受到來自「道德自我」的評判。所以在夢裡經歷的悲傷、憤怒或者恐懼也是在提醒你，需要好好地關照自己忽略已久的情緒了。

除了以上三種天然釋放情緒的方法以外，我們還能透過什麼行為安全地釋放身體裡的情緒呢？

四、文字

既然情緒的本質是能量，不能被消滅，那就將其轉化為其他形式的能量。我們可以用文字釋放自己的情緒，比如寫日記。

當你感到不開心的時候，可以選擇一個安靜的角落，告訴家人不要打擾你，然後給自己一點時間獨處；還可以選擇一首符合你心境的音樂，讓自己沉浸在情緒中充分地體驗它，然後用文字記錄下此刻內心的所思所想。

不用在乎修辭手法，也不用管是否有邏輯，想到什麼就寫什麼，直抒胸臆，卸下成人狀態的優雅面具，不裝不藏，任意書寫，甚至罵幾句髒話、甩幾句狠話，這些都是可以的，你可以完全接納這個狀態。

寫完日記後把它保存起來，三天之後再拿出來看，這是一個非常好認知自己的過程，可以思考當時的自己為什麼會有那樣的情緒，以及在這些情緒下會產生怎樣的想法，從中看到自己的思維模式和情緒反應模式，進而更深入地覺察自己。

文字的表達可以參考以下三種方式：

1. 直接用情緒的名稱來表達，例如：「我很傷心、生氣、失望」等。
2. 用描述性的語句來表達，例如：「我的心裡七上八下，我好像被關在一座荒島上，我感覺有一千隻螞蟻在心裡亂爬」等。
3. 用描述你想要做什麼來表達情緒，例如：「我真想揍他一頓，我好想哭，我真想從這裡跳下去，我想大聲唱歌」等。

除了寫日記，還可以寫詩詞歌賦。創作詩詞的過程，不僅是釋放情緒的過程，更是昇華了這一行為的意義，中國古代的文人墨客常用這樣的方式抒情達意。

「十年生死兩茫茫，不思量，自難忘。千里孤墳，無處話凄涼。縱使相逢應不識，塵滿面，鬢如霜。」每次讀蘇軾這首紀念亡妻的詞，人們就能深深共情到他的那份悲傷與難捨，想必蘇軾也是無數個夜晚不斷咀嚼那些難以訴清的悲慟情緒後，才寫出了這首千古絕句的，這不正是充分體驗和釋放情緒的過程嗎？

我記得在二十歲那年的春節，母親突遇車禍意外身亡，在這個突如其來的巨大打擊之下，我整個人崩潰了，一個月暴瘦了七、八公斤，待在家裡，神情恍惚。

有一天晚上，我突然萌生了一個想法，特別想寫一篇紀念母親的文章，於是我開始動筆。可是每次開始寫，我都泣不成聲，淚濕紙巾，寫下的每一個字、每一句話，都是在一次次體驗悲傷與難過。那篇文章我用了三個月才寫完，後來發表在一個文學刊物上，母親逝世週年祭時，父親在母親的墳前將這篇文章讀給在場的親友，所有人都潸然淚下。神奇的是，文章寫完後我整個人才得以平靜下來，能夠接納母親離去的事實。當時我並沒有學過心理學，但無形中卻用寫作的方式完成了自我的情緒療癒。

五、將情緒能量轉化為聲能

心情不好的時候，你會去ＫＴＶ唱歌嗎？我們可以用唱、喊、吼的方式將我們的情緒能量轉化為聲能釋放出來。

選一首符合你當下心情的歌，藉著些許醉意陶醉忘我地演唱，那些情緒也會隨著歌聲慢慢地釋放出來。哪怕五音不全，荒腔走板，哪怕聲嘶力竭，亂吼一通，情緒都能得到很好的釋放。

傾訴或吐槽都是非常適合女性的方式，你可以找一位信任的朋友或者閨密傾訴，講完一通之後，雖然什麼事也沒解決，但心情常常就好多了。如果你經常情緒不佳，那最好多交幾個閨密，這樣可以避免把所有的情緒垃圾全丟給一個朋友，導致他「消化不良」。

六、將情緒能量轉化為動能

將情緒能量轉化為動能就是在運動的過程中釋放情緒，當情緒卡在身體裡時，身體會處於一種僵硬緊繃的狀態，而適量的運動則能說明身體從緊繃狀態放鬆下來，情緒自然也就釋放了。

我們可以選擇一些沒有破壞性的運動方式，或者參加某種體育競技活動，這尤其適用於男性。有研究表明，男性比女性更容易壓抑自己的情緒，他們釋放情緒的方式主要是運動，如打羽毛球、踢足球、打高爾夫球、跑步等，這不僅可以鍛鍊身體，同時又可以幫助他們安全地釋放情緒。

瑜伽和太極也是動能轉化中非常有效的運動方式，這兩種運動強調身心內外的整體平衡，提倡調息、修心、養生，暢通經絡、血管、淋巴及循環系統，透過生理改變心理，能夠有效緩解焦慮和緊張情緒，所以備受大家青睞。

七、呼吸冥想

呼吸冥想是將注意力集中在呼吸上，同時在呼吸的過程中感受我們身體的感覺，以此得到身心平靜的過程。

在當今社會，呼吸冥想被廣泛運用於緩解壓力、放鬆身心的練習上。讓自己待在一個安靜的環境下，閉上眼睛，用專注於呼吸的方式進行冥想練習，能夠有效地清理我們大腦雜亂的思緒、翻湧的情緒，重新回歸平靜的內心。我們可以把冥想想像成幫大腦做保健，舒展思維，增加韌性。

透過冥想感知自己的思緒，就像你站在馬路邊，看著來往的車輛。你可以看著車來車往，但是你不會坐上任何一輛車，只是觀察。冥想能夠幫助你更好地觀察自己的思想和情緒，但同時又不會被它們帶走，透過這樣的練習，即便在平時的生活中你也可以讓自己保持身心平和的專注狀態。

透過儀器觀察大腦活動規律的腦科學實驗證明，冥想可以有效緩解情緒，並提高人的反應速度、記憶力、專注力，改善睡眠。想達到這些效果並不需要經過漫長的練習，中國神經資訊學家唐一源博士做過的一項研究顯示，每天接受二十分鐘冥想訓練，持續五天，便可以顯著減少造成壓力的皮質醇分泌。

這一節我們從身、心、腦三個層面介紹了七種安全有效釋放情緒的方法，這些方法可以幫助我們充分地體驗情緒，但這只是正確處理情緒四步中的第三步，下面我們來總結一下完整的四步。

正確處理情緒的四步

正確處理情緒包括四個步驟：覺察、接納、體驗、觀照。

一、覺察

覺察就是看見情緒的升起。你不能在情緒的風暴席捲一切的時候才看見它，要在它最初升起的時候就看見它，這需要具有一定的警覺，也是一個長期有意識訓練的過程，從對情緒的後知後覺做到能夠當知當覺，進而達到先知先覺。

二、接納

接納的意思是不管什麼情緒都允許它出現，不帶任何評判、控制、抗拒、改變，只是讓它待在那裡。這就好像看見自己家那個調皮的孩子，不要馬上制止，而是允許他此時此刻就是你看到的樣子，這就是接納。

《菜根譚》裡有句名言：「風來疏竹，風過而竹不留聲；雁渡寒潭，雁去而潭不留影。故君子事來而心始現，事去而心隨空。」輕風吹過稀疏的竹子固然會發出沙沙聲響，可是當風吹過去之後，竹子並不會留下聲音而仍舊歸於寂靜；大雁飛過寒冷的深潭雖然會倒映出影子，但是當大雁飛過去之後，潭面並不會留下雁影。懂得情緒管理的人，不會害怕情緒的到來，來時不迎不拒，去時不推不留，讓它來，隨它去。

三、體驗

體驗情緒就是經驗和釋放情緒，透過上面所講的七種方式充分釋放情緒，讓它像火焰一樣燃燒殆盡。體驗情緒時可以觀察情緒發生的過程中我們身體各部分肌肉、組織、器官的變化，更重要的是觀察呼吸的變化。只感受這些變化，不用評判它。

四、觀照

觀照就像攝影機鏡頭由近到遠變化的過程：當你的視角越來越遠、越來越高時，你可以看著情緒慢慢地變小，彷彿和自己無關。這時你便可以一邊有情緒，一邊覺察自己正在有情緒；你可以一邊發脾氣，一邊意識到自己正在發脾氣。

這是一種非常奇妙的感覺，你感受情緒的同時，又抽離出另外一個自己，好像站在旁觀者的角度，從更高的位置看著你正經歷的一切，你會發現有兩個你同時存在，一個是被情緒控制的你，另一個是抽離出來旁觀的那個智慧的你。當你這樣做的時候，那份情緒就已經少了很多。

然後，透過調整呼吸讓自己慢慢處於一個相對平靜的狀態，你可以問問自己的內心，到底是什麼觸動了自己，引發情緒的原因是什麼。如果你能夠覺察原因，就進入了更深的自我探索。

練習：打開百寶箱

1. 當你情緒不佳時，你會運用哪些方式處理？你的體驗是什麼？
2. 掃描QR碼，靜心體驗情緒定頻冥想，分享自己的感受。

快速穩定情緒的八種心理技法

在這一節，我分享八種常用且可以快速清理負面情緒的心理技法，無論是你自己處於情緒狀態，還是說明身邊的親友處理他們的情緒，都可以借助這些專業技法快速、有效地穩定情緒。

一、混合法

混合法是神經語言學中的內容，它運用中醫原理和西方運動心理學的機制，適用於處理情緒異常激動、難以自控、當事人感到非常憤怒的情況。

我們可以把右手放在處理對象大椎的位置（靠近我們頸椎突起的部分），只是將手平穩地放在這裡，不需要做任何動作；然後伸出左手的拇指和中指，分別放在眉毛中心的上端；兩隻手就位以後，透過語言引導對方做緩慢的呼吸，深深地吸氣，緩慢地吐氣，持續做三次呼吸，使氣息變得平穩。

這是一種非常好用且可以讓人情緒快速穩定的方法，通常引導兩分鐘左右以後，情緒失控者的呼吸就會逐漸變得平穩，激烈的情緒也會隨之安定下來。

二、生理平衡法

生理平衡法也屬於神經語言學中的內容，運動教練經常使用，是穩定運動員的情緒狀態，使之發揮出最好水準的方法。生理平衡法非常適用於一個人感到煩躁、焦慮、惱火以及思維混亂的情況，對失眠也有非常奇特的效果。透過這個練習，可以有效地幫助我們理清思緒，穩定情緒。

當你準備好做這個練習時，向前伸出雙手，掌心相對，然後反手交叉（注意自己的哪隻手是放在上面的）；然後大拇指向下，兩手交叉後掌心相合，向內轉圈，雙手交叉緊握，回到胸口的位置。

接下來是腳的動作，剛才哪隻手放在上面，那麼雙腿交叉的時候，對應那邊的腳就在上面。當身體的這些動作準備就緒了，就用舌尖抵住上顎，閉上眼睛深呼吸二到三分鐘，將注意力放在呼吸上，感覺手接觸到了心口的位置。這個方法可以動用全身的能量，透過呼吸建立內循環，使你慢慢歸於平靜（下頁圖4）。

在做這個練習的時候，既可以躺著也可以站著或者坐著。當一個人處於混亂狀態時，比如在參加一些重要活動之前，內心緊張、害怕，身體發抖的時候，透過這個練習可以在很短的時間內讓自己平靜下來。

三、海靈格法

海靈格法是著名心理學家、家族系統排列（Family Constellation）的創始人伯特・海靈格（Bert Hellinger）創造的方法。海靈格先生在處理個案時，經常遇到案主情緒崩潰的情況，於是他創造了這種可以迅速安撫當事人激烈情緒的方法。

當案主情緒崩潰，陷入極端情緒當中的時候，海靈格會引導他們睜開眼睛，呼吸。當一個人閉著眼睛陷入情緒中的時

圖 4　生理平衡法動作圖解

候，就會完完全全地掉進到這個情緒和場景當中無法自拔，當海靈格讓他們睜開眼睛，保持呼吸覺察的時候，案主就可以從自己的內在世界出來，與外在世界連結。

接下來，海靈格先生會引導他們，可以哭，但同時張大嘴，深呼吸。此時，用嘴巴吸入大量的氧氣，讓身體獲得足夠的能量，就可以漸漸舒緩和平靜下來。

四、接納自我法

接納自我法是一種非常適合自己在家裡訓練的方法。當你準備好時，可以回想那個最近經常出現且一直困擾你的負面情緒，此時，你可以評估一下這份情緒，並且幫他打分數（滿分十分）。

接下來，用手找到鎖骨和胸部中間的位置（那裡是我們的肺部），用手指尖按壓這個部位，看看按壓哪個點時會感到酸痛。如果有酸痛的感覺，可以用手指輕柔按壓、疏通這個部位；如果沒有，那麼可以換成掌心按壓。

閉上眼睛，一邊透過手指或者掌心不斷按壓這個部位，一邊重複對自己說「我深深地愛與接納我自己，雖然我……」接著說出剛剛自己評估的情緒，比如可以重複說「我深深地愛與接納我自己，雖然我很憤怒」。感受自己的身體，當發覺有情緒湧上來的時候，做深長而緩慢的呼吸，讓那些情緒透過自己的呼吸得以釋放。

五、中線療法

中線療法是我們在日常生活中常用到的抽離情緒方法。當人際關係矛盾觸發情緒的時候，你一定會感到在這個情緒中非常難受、十分痛苦，但又不知道該如何從情緒中走出來，這時候你就可以用中線療法，快速幫助自己從情緒中脫離出來。

具體的做法如下圖5，到一個沒有人的地方，伸出自己的食指，用指尖不斷輕點眉心，重複說出自己的情緒，比如「我很煩躁」，至少這樣做三遍；然後將手指換到第二個位置，就是嘴巴與鼻子之間的人中穴，繼續用指尖輕點這裡，並且不斷繼續重複說出自己的情緒；接下來將手指移到中線的第三個位置（承漿穴），就是下巴和下嘴唇中間的凹陷處，用指尖輕點這裡，繼續重複說出自己的情緒；最後來

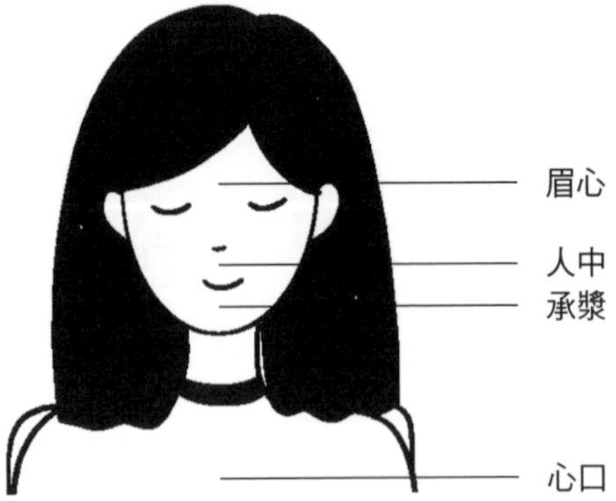

圖 5　中線療法示意圖

到第四個位置，也就是心口，用指尖輕輕地點著這裡，重複說出此時你正經歷的這份情緒。只需要按照這樣的順序重複幾遍，一到三分鐘後你就可以從那個令人難以自持的情緒中抽離出來了。

六、現場抽離法

現場抽離法是對情緒的一種覺察訓練。我們透過不斷覺察和練習，可以抽離出一個觀察的我，觀察的我時刻保持覺知，知道此時此刻正發生著什麼。

可以找一個位置坐下，透過深呼吸放鬆自己的身體，然後感受自己在這個位置時的狀態。接著你可以站起身，走到對面距離你這個位置一公尺的距離，回頭看著你原先坐的位置，閉上眼睛，想像剛才坐在那個位置上自己的樣子，這時你彷彿可以看到你就坐在對面那個位置上，你可以看到自己的姿勢、面部表情以及衣服的顏色。

請記住你站著的位置，記住你站在這裡的場景，並睜開眼睛回到最先坐著的位置，繼續閉上眼睛，想像你站在自己的對面，彷彿可以看到剛才站在一公尺外的自己，你可以看到自己站立的姿勢、表情。

這是一種內感官的訓練，每個人的覺察力都是不同的，所以開始訓練時完全無法抽離也是很正常的，只要經常練習，每個人都可以做到不同程度地抽離，分離出作為觀察者的你。如果更深一步，你還可以想像那個抽離出來的自己飄到一個更高的位置，從那裡俯瞰你自己以及你所處的環境，還可以看到你身邊其他的人，可以看到這個環境中的每一個角落。

這個時候，我們就變成了兩個自己，一個是「情緒的我」，這個我是和情緒合為一體的，他深深地和情緒糾纏在一起；另一個是「智慧的我」，他可以理智地看待自己，可以幫助「情緒的我」處理當下所經歷的情緒。

「智慧的我」不僅可以看到「情緒的我」，還可以看到身邊其他的人，聽到他們的聲音。運用智慧的我、理性的我、思考的我，觀察那個有情緒的我，以及我所處的環境當下發生了什麼，這便是覺察。

七、漸進式呼吸放鬆法

漸進式呼吸放鬆法是催眠技術中引導情緒釋放的身心放鬆技術，它的原理是透過從頭到腳每一個器官的緊張、放鬆交替進行，透過一鬆一弛的狀態對比，深度放鬆我們的身體和情緒。它非常適合一些由情緒導致身體症狀的情況。你可以透過我的音頻引導來做這個練習。

八、舒適島呼吸法

舒適島呼吸法和漸進式呼吸放鬆法都是可以作用於身體層面清理情緒的方法。我們可以閉上眼睛，有意識地掃描自己的身體，看看身體的哪個部位感到最舒服；然後繼續掃描身體，再找到一個令你感到最不舒服的身體部位。

關注自己的呼吸，深深地吸氣，緩慢而深長地吐氣，想像你的氣息從最舒服的位置吸進來，又從身體最不舒服的位置呼出去，感覺氣息在這兩個部位間流動。保持這樣的呼吸和觀想，循環持續三分鐘後，再重新感覺那個令你十分不舒服且僵硬、緊張的部位，看那裡是否已經得到了很好的放鬆，那些不舒服的感覺是否已經緩解，甚至慢慢消失了。

練習：當自己的療癒師

1. 兩個人（A和B）組成一個小組，A當助人者，B當體驗者，從八種方法中選擇任意一種來協助對方。A用語言帶領B練習，然後分享各自的感受。
2. 角色互換，重複上一步。
3. 在團體中一起跟隨音頻的引導做「漸進式呼吸放鬆法」練習，並分享感受。

藏在潛意識情緒背後的「心理按鈕」

你有過這種時候嗎？聽到別人說的一句話或者遭遇某一件事後，就像有東西突然撞到自己的傷口一樣，感覺痛得不行，從而情緒失控，暴跳如雷或者感到極度受傷。

為什麼別人的一句話、一個行動會引起你那麼大的情緒反應？我打個比方，假如現在你的肩膀上有一個傷口，我撒點鹽上去，你會覺得好痛，然後你會怪我，認為都是因為我撒鹽才讓你這麼痛。但關鍵是，假如你的肩膀上沒有那個傷口，我撒再多的鹽你也不會痛，對嗎？其實情緒只是一個提醒，那個舊傷口才是重點，要檢查一下自己的內在，思考一下：**我究竟有什麼樣的陳年舊傷又被別人撞到了？我的心理按鈕是什麼？**

「心理按鈕」是我們在成長過程中遭遇一些令我們印象深刻的事件，當時的場景觸發了我們巨大的情緒感受，傷害到了我們，但是我們因為各種原因沒有適當地處理，於是這些情緒感受就像被封存的印記一樣留在我們潛意識中。

現在，別人說了某一句話或者做了某一件事，一不小心觸動了這個印記開關，就喚醒了埋藏在我們身體中的情緒能量，這種情緒能量不可抑制地爆發出來，於是我們的大腦馬上閃回到過往的場景，會再次體驗到當年的傷痛，會感覺自己被激怒了，被別人深深地傷害了，甚至會認為別人是故意這樣做的。

每個人在成長的過程中多少都會留下某些印記，生活中很多情緒能量的出現是因為我們把過去和現在混淆了，以為過去的事情再度發生了，其實別人只是碰巧觸發了你的心理按鈕。

當別人無意撞到這裡時，我們就像被激怒的小獸，一般情況下我們都會用憤怒來表達「你弄痛我了」，但是對方可能不知道自己做了什麼，因為每個人都有自己獨特的心理按鈕，同樣的事情可能會使你產生巨大的反應，而對另一個人卻沒有什麼影響。

讓一個人特別憤怒或過度受傷的「情緒過激」反應，通常與小時候的原生家庭有關。

我不是小題大做，只是恰好被按到了「心理按鈕」

我有一位男學員，各方面條件都很不錯，只是身高較矮，不到一百七十公分。有一次他參加同學聚會，在交談中，一個女同學談到自己的擇偶標準，說希望男生的身高至少要超過一百七十五公分，因為不這樣的話，他穿上高跟鞋和男友站在一起，對方會看起來比他矮。這本來是一個很正常的想法，這位女同學也沒有特別針對誰的意思，沒有想到的是，這位男學員突然眉頭緊皺，非常生氣地大聲質問這個女同學：「身高沒超過一百七十五公分就沒有資格成為好的另一半嗎？你這是偏見，你知道嗎？」

他突如其來的憤怒讓大家都不知所措，場面一度很尷尬。這位男學員自己也覺得非常不好意思，但是當他回憶起那個場景時，還是覺得難以自制地想反駁，總覺得對方是在嘲諷自己。

其實，那位女同學並沒有表達「身高不超過一百七十五公分就沒有資格成為好伴侶」這樣的觀點，這只是這位男學員自己的解讀。後來我才瞭解到他為什麼會有這麼大的情緒反應，原來他曾經因為身高問題遭遇過很多挫折，小時候他因為個子小被同學嘲笑欺負，長大後又多次因為身高問題被自己喜歡的女生拒絕，工作中也常因為這個問題感到自卑，於是身高問題就成了他的一個心結，這個心結背後的心理按鈕其實是「被嫌棄」，每當碰到這個按鈕，他就會感受到「我不夠好」、「別人不喜歡我」，因而變得易怒。

有一位女學員小雅在家排行第二，有一個大他兩歲的姐姐。小時候家裡的經濟條件不好，所以父母非常節省，常常會把姐姐穿過的衣服留下來給他繼續穿，俗稱「揀舊」。在那個年代，父母希望透過這樣的方式節省不必要的花銷，並不代表他們不愛這個小女兒，可是在小雅幼小的心靈裡面，他總是會覺得姐姐有新衣服穿，而他只能撿姐姐穿剩下的舊衣服，他認為爸爸、媽媽不疼愛自己而更疼愛姐姐。這件事情在他的心中埋下一顆低價值感的種子，使他覺得自己沒有受到父母的重視，不值得被愛，舊衣服也就成了他的一個心結，這背後的心理按鈕是「不被重視」。

他長大以後也生下了一個女兒，自己當了媽媽，有一次女兒的姑姑拿來很多小嬰兒的舊衣服，讓小雅選一些給孩子穿。這些衣服保存得都很好，孩子姑姑本來是一片好心，當地也確有這樣的習俗，認為嬰兒穿舊衣服會更健康，可是這件事卻引發了小雅很大的情緒反應。他看著那些衣服，無名火上來了，非常生氣地質問孩子的姑姑：「為什麼我的女兒就要穿舊衣服？他沒有資格穿新衣服嗎？我不要，你都給我拿走！」他的反應讓孩子的姑姑十分震驚，覺得他不可理喻，很生氣地抱著衣服走了。

事後小雅冷靜下來也十分後悔，覺得自己太敏感，得罪了親戚，他也不明白自己當時為什麼會突然發火。後來他來參加我的線下課程，我講到心理按鈕時，他才恍然大悟，明白自己當時為什麼會有那麼強烈的情緒反應，原來是觸發了自己小時候「不被重視」的心理按鈕，掉到過去的坑裡了。

因此，心理按鈕指向童年心理創傷，當我們還是個孩子時，往往無力承受一些來自環境和原生家庭父母養育方式對我們造成的壓力，所以每個人在成長的過程中多少都會留下某些印記，很多心理按鈕都可以追溯到童年的成長史，每個人的心理按鈕各不相同。

你的心理按鈕是什麼呢？如果有人說你胖，你就跟他翻臉，那麼我們是不是可以思考一下，為什麼會這樣？

以下是我總結常見的心理按鈕，你可以檢視一下：被冤枉、被拋棄、被忽略、被輕視、被比較、被不公平對待、被否定、不被信任、不被重視、被控制、不被尊重、被指責、被嘮叨、被認為笨或不聰明、被說「都是為你好」、被挑釁……

尤其在我們進入親密關係以後，許多心理的防禦機制變得鬆懈，這時候一些深埋的心理按鈕更容易被觸發，也因此很容易破壞彼此的關係。有時候我們會因為對方一句無心的話、一個表情甚至一個簡單的行為而暴跳如雷，怒不可遏，這多半是因為伴侶碰到了我們的心理按鈕，他的言行勾起了我們童年或在成長過程中痛苦的經歷和情緒。

我有一個女學員曾經在課上分享過這樣一件事情：

每當他看到老公下班後或者週末在家，坐在客廳裡一邊看電視一邊打瞌睡的樣子，他就特別難以忍受，尤其是看到老公打瞌睡頭一點一點的樣子，他就氣不打一處來，恨不得搧他兩巴掌。

原來在他小的時候，父親經常失業，整天窩在家裡無所事事，他小時候經常看到的畫面就是父親躺在沙發上看電視，打瞌睡時頭一點一點的樣子。他的父親從來不做家務，甚至還會責罵母親煮的飯不好吃。

他們家的經濟來源完全依靠母親一個人的辛勞，生活條件非常不好，他看到媽媽特別辛苦地支撐這個家，而父親卻不幫忙，對父親非常不滿。所以每當他看到自己丈夫坐在沙發上看電視打瞌睡的樣子，就會產生非常多來自童年時期對父親的不滿和憤怒，以及對貧困生活的焦慮和恐懼，彷彿童年那些痛苦的經歷又會重新在他身上上演。但是對於他的丈夫而言，每次妻子因為這件事和他爭吵，他就會感到十分莫名其妙：「我只是在沙發上打個瞌睡，哪裡惹到你了？你這是無理取鬧！」

婚姻中這樣的案例還有很多，比如：一個從小總是看著母親用眼淚逼迫父親妥協的男孩，當他長大以後在婚姻中看到自己的妻子哭泣掉眼淚，可能立刻就會大發脾氣，而不是安慰他。因為在那一刻，妻子的行為就像兒時的情景再現，在他的潛意識中，他會認定妻子在用母親控制父親的方式來控制他，但他的妻子可能會感到很無辜，因為他只不過想要用哭泣得到丈夫的關愛，僅此而已。

在婚姻中，我們表面上是在與自己的配偶相處，實際上可能是與父母互動模式的昨日重現，那些殘留的情結和按鈕就像婚姻長河中的旋渦和暗流，會為親密關係帶來隱患。

很多時候並非別人故意惹我們生氣，而是我們自己心裡有創傷。如果一個人的心理按鈕特別多，不同的按鈕經常被周圍的人無意中碰到，他的內心就會像地雷陣一樣，天天在爆雷，此起彼伏。我常常用「蜂窩煤」來形容這種人，如果婚姻中的兩個人都是「蜂窩煤」，那這段關係就會變成持久的戰爭。

我們一旦看見自己的心理按鈕，開始明白這是與自己有關的課題，那麼治癒模式就自動開啟了。要改變一個從小養成的心理模式需要花費很長的時間，並且需要經過很多次試錯。幸運的是，只要我們不斷地嘗試，我們固有的模式就會慢慢發生改變。

如果我們把問題歸咎於別人，就會感到深深的無奈和絕望，因為我們永遠無法控制他人的言行，也不能強求他人不去碰我們的按鈕，所以**讓自己快樂的有效方法就是對自己的情緒負責，深入覺察與療癒內心的創傷**。

我們也不能簡單地把過錯推給父母或那些無意中傷害過我們的人，很多時候他們也不知道自己做錯了什麼，甚至是他們自己本身就有許多未被撫平的傷口。

讓「心理按鈕」失靈的七大步

當我們發現了自己的心理按鈕，可以做些什麼呢？拿前面那個妻子看不慣丈夫打瞌睡的例子來舉例。

首先，從那個觸發了我們心理按鈕的場景中抽離，選擇不再讓過去的情緒破壞我們當下的事情和現在的關係。

其次，找一個安靜的地方獨處一會兒，做幾次深呼吸，運用上一節所學的快速清理情緒的方法讓自己平靜、穩定下來，給自己一些時間自我調節。

然後閉上眼睛，回顧剛才發生的一切，觀察自己的情緒反應，順著我們的情緒感受進行自我審視。

1. 這是一份怎樣的情緒？

——是憤怒。

2. 我曾經在什麼時候也有過類似的強烈感受？

——小時候看到爸爸在沙發上打瞌睡，媽媽獨自一人忙碌的時候，會有這種相似

3. 那個感受背後的念頭和想法是什麼？

的感受。

——爸爸是不負責任的男人，媽媽太辛苦了！

你或許會聯想起某件事情、某段經歷或某個場景，回到內在去觀察自己，然後找出這兩種情境的相似之處。

4. 為什麼這個場景會激發我同樣強烈的情緒？

——因為這個畫面很熟悉，我感覺自己像媽媽一樣無助和痛苦，而丈夫跟爸爸一樣不負責任，幫不上忙。

5. 他們之間的共同點是什麼，不同點又是什麼呢？

——共同點是他們都是男人，都是丈夫；不同點是，丈夫並不是我的爸爸，他並沒有跟爸爸一模一樣，他只是偶爾看電視打瞌睡，他是負責任的男人。

6. 現在我長大了，更加成熟了，也有足夠的能力處理小時候處理不了的困境，那麼是否還需要用舊有的方式，繼續保留這份情緒呢？

——我明白了，我把對爸爸的憤怒投射、轉移到了丈夫身上，那是過去的情緒。

最後，問問自己現在可以為自己做些什麼。

7. 我做什麼可以滋養到自己的心靈？

——我可以常常告訴自己：我是值得被愛的，我的丈夫是關心這個家的，我的婚姻沒有那麼糟糕！

當我們這樣思考的時候，我們就可以慢慢找回自己內在的力量，開始對自己的情緒負責，不斷更新與成長。

每個人的心理按鈕的背後，都有一份屬於自己的成長創傷。如果我們可以看到這一點，我們也會對他人多一分理解和包容。

練習：翻舊帳，找按鈕

1. 每個人根據本節的內容寫下自己三個最明顯的心理按鈕。
2. 選定其中一個心理按鈕，運用上述的七步自省法，寫下每一步的答案。
3. 與組員們分享各自的覺察，也傾聽他人的故事與收穫。

情緒的背後是你受傷的內在小孩

之所以持續產生負面情緒，常常是因為我們內心藏著一個沒有完全成長、受傷的內在小孩。或許是因為父母的一次打罵、一次被拒絕或是被忽略、一次惡夢般的考試、一次被同齡人欺辱和孤立等，雖然你幾乎已經忘記了發生過的這些事情，但這些我們以為已經淡忘的童年創傷，一直在潛意識裡面困擾我們、影響我們。

心理學家卡爾．古斯塔夫．榮格（Carl Gustav Jung）說：「潛意識影響我們的一生，我們卻稱之為命運。」

其實，內在小孩本來擁有非凡的直覺力、好奇心、想像力、天賦智慧、強大的感覺和感知能力，但同時，他也非常敏感、脆弱，渴望被愛與呵護，當他感受到不被愛，沒有被看到、被聽到，被指責、被忽略時，他就固著在心靈的角落裡，持續感受到悲傷和痛苦，無法隨著我們的生理年齡一起長大。

等到我們成年以後，一旦遇到問題或困難，他就會自動接管我們的言行，我們就會表現出一個無力的小孩的狀態，沉浸在過去的低頻情緒裡，做出許多不成熟、孩子般的行為，造成我們在人際關係中的掙扎和磨難。比如我有一個學員，每次一遇到不開心的事就把家人或朋友的微信封鎖，獨自傷心難過，喝酒買醉，亂花錢，做出種種反常行為。

我的內在小孩是什麼樣子？

首先我們要能看到這個受傷的孩子。在生活中，他會呈現出什麼樣的模式和狀態呢？

1.親密關係方面：他對親密的情感充滿了渴望，但是每當向親密情感靠近的時候卻又忍不住想逃離，不信任對方。他渴望肌膚相親，但是一旦被觸碰又會立刻感到緊張和不安。他不敢說「不」，被他人侵犯界線時會選擇忍讓，常常會不自覺地討好他人，委曲求全。

2.身體層面：他的身體長期處於緊繃的狀態，敏感、失眠、抑鬱、狂躁，經常做惡夢；容易疲勞，健忘；他可能還有許多的上癮行為，如抽菸、喝酒、暴飲暴食、藥物依賴等。

3.情緒方面：他經常有無助感，無法感受到周圍親人朋友的支持和關愛；經常感到孤獨，感覺自己和別人很疏離；他經常會處在焦慮、恐懼、抑鬱、悲傷中，情緒敏感且很容易波動，經常無法控制自己的憤怒，要麼很亢奮，要麼很麻木。

4.心智模式方面：他對人缺乏信任，對周圍環境過度防衛，害怕受到傷害；他很容易產生消極負面的想法，凡事總會先想到不好的部分；他在工作中缺乏創造力，按部就班，死氣沉沉；經常陷入痛苦的糾結當中，頭腦中經常會有兩個對立的小人在不斷「打架」。

你會有這樣的時候嗎？也許我們每個人或多或少都能從中看到自己的影子，因為內在小孩也是我們子人格的重要組成部分。內在小孩是如何受傷的呢？是什麼造就了今天這樣一個不開心、不快樂的我呢？我該怎麼辨呢？

今天的自己之所以不開心，不快樂，根本的原因就在於童年（尤其是零到六歲這個重要階段）心理營養的缺失。心理營養是我的薩提爾家庭治療導師林文采老師提煉出來的概念，他認為孩子的身體需要汲取營養才能健康成長，同樣，孩子的心理也需要汲取大量心理營養才會真正發展成熟。

孩子在不同的成長階段，需要不同的心理營養，如果在相應的階段沒能得到相對應足夠的心理營養，那麼他可能會在以後的人生中四處尋尋覓覓。

現在就讓我們先來看看內在小孩所需要的心理營養是什麼。

我的童年到底缺了什麼？

一、愛、重視

當我們還是個零到三歲孩子的時候，我們是弱小的，同時渴望得到父母很多的愛與重視，我的爸爸媽媽愛我嗎？他們是無條件地愛我，還是對我有很多的要求和不滿？他們願意花時間陪伴我嗎？我的諸多需求父母願意滿足嗎？對我的需求，他們是否直接了當地拒絕了我，甚至打罵、責罰我？

每被拒絕一次、被忽略一次、被傷害一次，孩子的內心就多一個受傷的碎片，碎片積累得多了，他們就會變得越來越敏感、自卑，覺得自己不夠好，不值得被愛。慢慢地，這些屢屢被傷害、不被愛的畫面和經歷就內化成非常多受傷的記憶存儲在其潛意識中，他們將終其一生都在尋找可以無條件愛他的人。

二、安全感

在愛的基礎上，孩子的安全感要逐步建立。那麼，安全感來自於哪裡呢？主要有三個部分：

1.父母的關係：如果父母經常吵架，相互指責，孩子的安全感就會塌陷，在孩子的世界，這彷佛天塌下來一樣。

2.媽媽的情緒：媽媽是孩子早期最重要的撫養人，如果媽媽常常焦慮、煩躁、發脾氣，情緒不穩定，孩子必然活得膽戰心驚，內心充滿恐懼。

3.孩子的自主權：在父母的控制或溺愛中長大的孩子，常常會覺得自己是無能的，世界是危險的，他無法相信自己，無法獲得自信。

當一個孩子因為以上原因而缺乏安全感時，他的內在小孩必然是無助、無力和無能的，這也是原生家庭帶給孩子的極大影響。

三、肯定、欣賞和讚美

每個人都渴望被看見，孩子需要在父母或重要他人的肯定和欣賞中，才能建立穩定的自我，提升自信，進而追求成就。如果說在給予安全感時，媽媽比爸爸重要，那麼在肯定、認可和讚美這個方面，爸爸的重要性要大過媽媽。如果爸爸能時常表達對孩子的認可，能讓孩子更自信，充滿力量。

我們的內在小孩很想從父母那裡得到肯定、欣賞和讚美，但如果小時候沒有得到，我們的內心就會有深深的失落和悲傷，自我價值感低，會不停地試圖證明自己。

好了，現在問問自己：以上這三種重要的心理營養，我的內在小孩最缺什麼？我們拚命想證明的正是我們所缺少的，我們無法控制的情緒正指向我們內心真正的渴望。當我們弄清楚自己真正需要的是什麼時，就可以為自己的內在小孩補充心理營養，撫慰那個未被滿足的自己。

現在我們可以怎麼做呢？

特別建議大家參加一些實修體驗的心理課，借助老師的引導療癒自己，這不是聽理論講述或看書就可以完成的，它需要經由身體的體驗去完成！這裡分享我一位學員在上完內在小孩療癒課後寫的一篇文章，藉此來說明我們該如何穿越和成長。後面我也錄製了內在小孩療癒的實修音頻來帶領大家操作，雖然比不上線下體驗課的快速和深入，但多聽多做也是有效的。

擁抱我的內在小孩

作者：小芳

我特別想分享自己在療癒內在小孩工作坊裡得到的啟示和療癒。

1. 甦醒——聽見內在小孩的呼喚

在課程體驗的過程中，我在黑暗中摸索前行，跌跌撞撞，磕磕絆絆。眼前，是重重迷霧；心底，是深深恐懼。

我手腳冰涼，我在心裡呼喊：「誰能告訴我，我在哪裡？我該往哪裡去？」

終於，我抽泣起來，我看到了自己被不停催促趕路的前半生，我看到了當年那個迷茫無助的小女孩！

「快點！快吃飯，快睡覺。當個乖孩子！」

「快點！好好讀書，考個好大學！」

「快點！有工作了，就趕快找個對象！」

「老大不小了，快結婚吧！」

「年紀不等人，快生孩子！」

無數個催促的聲音編織成一張網，一張讓我又愛又恨的網，把我罩在其中。

在父母的催促下，在社會集體意識的逼迫下，我慌忙地成長著——為了明星學校、為了體面的工作、為了門當戶對的婚姻、為了成為「別人家的孩子」、為了社交網路上的光鮮亮麗。

可是我一直是慌亂的，我太焦慮了，不能深呼吸，不敢放慢腳步，不曾認真看一眼頭頂的藍天、路邊的綠樹。

在淚水滑落的那一刻，我忽然醒悟了：這麼多年心裡感覺不踏實、不快樂，是因為我斷開了和自己的連結，我把內心那個小孩弄丟了！

看似成熟的我，內心其實一直住著一個缺愛的小孩。這個小孩不敢做決定，不能為自己的人生負責，以不惜傷害自己的方式倔強地叛逆著、反抗著。他特別在意別人的看法，做很多事只是為炫耀，不停向眾人揮手說：「看到我、看到我！」

一切都源於心裡那個深深的黑洞。

當鼓聲停止，黑暗中一雙溫暖厚實的手握住我的手，我的心一下子安定下來。我反握住它，輕輕地、柔柔地，像對待嬰兒一樣，撫摸它。此時，我明白了自己的心。一直以來，我特別渴望被人溫柔相待，我像個孩子一樣乞求別人來愛我，但是求不到，不滿足，我就催眠自己對自己說：「沒事，我不需要。」然後我把自己架起來，成為一個女強人。但其實，愛的泉湧一直就在我的心田裡，只要喚醒它，溫泉水就會汩汩流淌，給我疼惜、撫慰，讓我平和、美好。

2.接納——與真實的「我」相遇

多年來，我一直不斷展示自己的自信、善良、開朗、真誠，很期待自己在所有人眼中也是這樣一個「完美」的形象。

但是，「完美」的「包袱」讓自己很辛苦、很委屈。明明害怕也要硬撐，明明不喜歡也要笑臉相迎；明明喜歡快意江湖，卻要把自己塑造成「不食人間煙火」的模樣。對自己不真實，就是對自己的不慈悲。

仔細觀詳自卑、怨恨、抑鬱、苛責、虛偽等這些過去自己有意回避、羞於承認的「陰暗面」，我領悟到，它們存在的意義並不是要被克服、超越，它們是我的「太陽黑子」，是我「小宇宙」能量聚集的地方，是我成長背後的巨大推力。

比如，青春期的我是一個無比自卑的女孩，對自己喜歡的人只能默默關注，但是也正是這種刻骨銘心的自卑，催動我不斷努力，期待能以最優秀的樣子站在他的身邊。

比如，我曾一次次行走在抑鬱的邊緣，感覺似乎馬上就會掉進那深不可測的黑暗。但是，心裡總是有那麼一線光亮一直在前方；而且，周圍越黑暗，光亮越顯得耀眼，越想讓人投入它的懷抱。如今我才明白，抑鬱越深，越讓我知道，內心對光明的渴望有多強烈。

與優點、榮耀、幸福等一樣，缺點、失利、痛苦也是我人生重要的組成部分，這些看似「不愉快」的記憶讓我覺察，促我自醒，不斷校準著我人生的方向。

光明快樂是我，灰暗痛苦也是我，它們如同太極的陰陽兩極，合在一起，才是一個完整的我、真實的我、接地氣的我。

我接納了完整的我，我內心的「輸送量」就擴大容量了。我能放下評判，站在一個更高的角度，更寬容地看待周圍的人、事、物，更愛有情眾生。

那是一種心靈自由的快樂，正如老師所說：「給鳥兒以自由，籠子也得到了大自在。」

愛我心中的「天使」，也擁抱我心中的「惡魔」，我的心也得到了大自在。

3.面對——同意自己和媽媽的人生軌跡

多年來，我和媽媽的關係就像兩隻刺蝟，離遠了相互掛念，挨近了又互相折磨。我決定不再逃避，和媽媽進行了一次心靈對話。

體驗課上，淚眼婆娑中，我對媽媽說：「你知不知道，小學時你說我的高度近視是遺傳，以後最好不要結婚，以免禍害下一代。你知不知道，這句話對我影響有多大？我覺得自己就是一個殘缺的人，我不值得被愛，我不配擁有幸福。你知不知道，我這些年有多掙扎、多痛苦？」

我聽到媽媽說：「每次看到你爸爸高度近視、縮手縮腳的樣子我就很焦慮，我就情不自禁想罵他，想到你以後也是這個樣子，我就難受、自責。我不知道這句話帶給你這麼大傷害，對不起！」

在與媽媽的對望中，我彷彿穿越了時空的長河，看到了他的童年。媽媽小時候因為家裡孩子多被送給姑姑收養，比物質生活更貧瘠的是他心中愛的匱乏。

他很忙碌，因為他想證明自己值得被愛；他愛嘮叨，因為他希望別人注意到他的付出；他暴躁，因為他事事想控制卻又無法控制；他感到悲痛，因為他心底有太多的委屈無法釋放。

多年的愛而不得、訴而無應，讓他內心充滿了負能量，讓他形成了愛挑毛病的習慣，對我的傷害就是其中一例。

怎樣才能幫助媽媽，或者說，幫助我自己？

我想，方法就是慈悲，就是讓愛、溫暖、寬容去撫慰。

不要想著改變媽媽，要同意他的人生選擇。

不要苛責自己，要同意我的人生軌跡。

去看見，去同意，愛的暖流就從心底升起了。

當年的那句話確實傷害了我，但是我已經不是當年那個無助的小女孩了。我可以諒解媽媽，我有力量走出陰影，讓自己快樂幸福。

我輕輕地對媽媽，也對自己說：「對不起，請原諒，謝謝你，我愛你。」

承認我們的父母並不完美，他們也有自身的局限性和格局的限制，但無論如何，他們都給了我們在他們當時條件下自己最好的部分。這份接納，也是跟我們自己和解。

事實上，父母也是受苦的人，當時也沒有人告訴他們要呵護孩子的心靈，他們接受的教育就是「不打不成才」，他們在當時的情況下已經做到了最好。只有當你從內心接納自己的父母，跟父母說聲「謝謝」的時候，你才有可能真正地愛自己，喜歡上自己。

4.洞見——不再扮演「受害者」角色

體驗課裡，我忽然明白、理解了自己面對突然打擊的心智模式，就是毫無反抗，軟弱無力。

我的腦海閃回到大學時代的某一次經歷——兩個同學為瑣事忽然聯合攻擊我。面對從未經歷過的疾言厲色，我整個人懵了，不知辯解，不曉反抗，只知道哀哀哭泣。而不久前我遭遇了一次重大打擊時，也完全沒有三十多歲人應有的應對，而只知道苦苦哀求。

我頓時悟到，我的內在小孩的年齡一直停留在五、六歲。我一旦受傷，馬上就會被這個小孩子接管，陷入無助、無望、無智的沼澤，拔不出來也不想拔出來，只會扮演痛苦的「受害者」角色並樂在其中。

而在平時，我在很多時候會把自己架起來，用清高、冷淡把自己和他人隔絕起來，其實我這樣做只是不想讓大家看到我自卑脆弱的內心。

我領悟到人生中太多的苦痛是因為我不想長大，不願承擔，只想蜷縮在「安全區」裡，享受「受害者」的福利。然而，事實證明，越逃避，越被動；越不想成長，越會遭遇挫折。你越是想逃避的功課，現實越是會給你加量、加難度。

所以，除了成長，別無選擇。讓我們用現在已經具備的成人方式安撫那個受驚的孩子，讓光和愛環繞在那個孩子的周圍，找回遺失很多年的自己，學習用已經具備的能力照顧自己。

我想對親愛的內在小孩說：「親愛的孩子，我已經長大了，也有了足夠的智慧，我會好好照顧你的！」

練習：擁抱內在小孩

找一個安靜、不被打擾的空間，一起跟隨音頻引導做內在小孩療癒練習。

在小組內分享自己的實修體驗感受，如果做完練習後身體有不舒服的感覺，請運用本章第二節舒適島呼吸法練習穩定自己的情緒。

第三章　轉化情緒

——如何深度轉化你的情緒。

每種情緒，都是一份特殊的提醒，你讀懂了嗎？

勃然大怒的背後，常常都有怎樣的「非理性信念」在左右我們？

情緒背後的特快郵遞，你收到了嗎？

如果感冒頭痛，我們知道頭痛是感冒引發的症狀，它不是問題，真正的問題是感冒，頭痛只是一份提醒。同樣，情緒相當於頭痛只是症狀和提醒，真正的問題在於我們只想簡單粗暴地把情緒趕走。

當我們帶著覺知去看這些情緒的時候，就會發現情緒並沒有好壞之分，也不存在真正的「負面情緒」。**每一種情緒都是一種語言，都是帶著訊息來與我們溝通的，都有其正面的價值**。

古人非常重視情緒對人修身正心的影響，《大學》有言：「所謂修身在正其心者，身有所忿懥，則不得其正；有所恐懼，則不得其正；有所好樂，則不得其正；有所憂患，則不得其正。」如果心中有怨恨、有恐懼、有喜好、有憂患，都不能使自己內心純正，可見關於情緒對人的影響，先賢已經有了很深的體會。

怎樣修練才能沒有這些情緒呢？

其實，不是如何沒有這些情緒，而是如何深度轉化這些情緒。

情緒只是送信人，每一封信都來自我們的內心，包含我們內在世界非常重要的訊息。如果你好好地收下這個訊息，理解並應對好這封信，與自己的內在世界相連，送信人就會自己離開。

相反，如果你關上門，不接待這個送信人，他就會一次次地不請自來，就像一個快遞員：如果你沒收到包裹，他就得一趟趟地送；如果你關著門，他就敲門，甚至撞門；白天你不接收，他晚上還會再來——這也就是為什麼我們總會夢見一些我們並不願意看見或接受的畫面。情緒越大，其包含的訊息和提醒就越多、越重要，如果你不接受、不解讀，它就會反復出現，提醒我們。

情緒，不是在指引我們方向，就是在給予我們力量，它總是引領我們更深入地探索自我。如果你處於某種巨大的情緒中，感覺自己很情緒化，先不要自我批判或自我譴責。這不是什麼壞事，這剛好是一個深入瞭解自己的機會，別只是白白地痛苦，卻錯過了那封重要的信。

這些情緒在提醒我們什麼？又會帶給我們什麼禮物呢？

一、憤怒

憤怒表示警示界限，同時產生力量。當我們憤怒的時候，內心的聲音是什麼？

「這太過分了！」

「怎麼可以這樣？」

「你不能這樣對我！」

憤怒是在表達「不可以」，是在提醒我們：「哎！別人越界了，沒有尊重你的身體界限、情感界限、時間界限、金錢界限、語言界限等，這樣會傷害你，所以趕快採取行動保護自己！」如果沒有這份憤怒，我們就不知道自己的底線在哪裡，就不懂得拒絕和捍衛自己的利益。如果沒有這份憤怒，我們就不會有這麼強大的力量而敢於發出自己的聲音。

「怒從心頭起，惡向膽邊生，睜開眉下眼，咬碎口中牙。」意思是說憤怒到極點就會膽大得什麼都幹得出來。你看，這是多大的一種力量，平時不敢說、不敢做的，借這份憤怒的情緒都可以爆發出來。

每個正在經歷憤怒的人，他們頭腦裡的觀念、想法可能千差萬別，並不總是因為確實得到不公平或不合理的對待，價值受到了威脅，憤怒才湧現出來。追根溯源，我們會發現憤怒的本質是追求自愛和自重。

二、忌妒

忌妒告訴我們真正想要卻沒有得到的是什麼，以及我們有多麼想要。當你忌妒的時候，你的內心戲是什麼？

「他有什麼了不起的！」
「我才不稀罕要呢！」
「我一點兒都不在乎！」
「我比他強多了！」

真的是這樣嗎？你確定你的頭腦沒有說謊？

如果你真的不想要，真的比他強，你怎麼可能會有如此強烈的忌妒情緒呢？頭腦可能說謊，但情緒是我們忠實的朋友，它從不說謊，這份忌妒真正想表達的恰恰是：

1. 我想要。

2. 我沒有。

3. 他比我強。

你會忌妒足球明星梅西嗎？不會，因為你並不想成為他。但你會忌妒隔壁老王買了一輛豪車，因為是你想要卻還沒有的，你只會對你真正在意的東西產生忌妒。

忌妒就是被我們忽視、回避或抗拒的內在需要，承認這三點不是壞事，收下這份提醒，把這份情緒轉化為動力，努力追求我們想要的。

忌妒本身是一種饑餓感，它並非源自肉體，而是源自精神。消除精神饑餓的方法就是先承認自己是饑餓的，然後努力爭取想要的東西；如果發現自己其實不想要，那麼就澈底放下。

三、悲傷

悲傷表示與喪失有關，指向分離，提醒珍惜已有的。

一個朋友懷了第二胎，馬上要生產了，某一天下午打電話給我，說足月的孩子突然沒有了胎兒心跳，生出來就沒有了呼吸。

他抱了孩子一天，晚上回到家裡，悲傷至極。

作為媽媽，我非常理解那種失去孩子的痛苦，我一邊流淚一邊對他說：「不要壓抑自己，想哭就哭出來。醫院讓你和孩子待了一整天，是非常尊重生命、富有人性的做法，讓你和孩子相互依偎，給了彼此最後的溫暖。你可以幫孩子舉辦一個正式的葬禮，向孩子、向自己的悲傷告別……孩子只是貪戀天堂，不想這麼快來到人間。你要做的是好好生活，用更好的狀態，迎接下一個小天使的降臨。」朋友聽了我的建議，和孩子做了完整的告別。

他是一個很有力量的人，現在他已經走出了悲傷的心境。

不要去勸說一個正在悲傷中的人儘快走出悲傷。你只需要陪著他，聽他說話，告訴他：「如果難過，就盡情哭出來。」然後看著他哭個夠，這就是對他最好的安慰和愛，相信他在充分地宣洩悲傷後會接納那個巨大的失落，並開始新的生活。

每個人都需要一些時間和時機整理和面對自己的內在，**悲傷讓我們在失去和分離的體驗中，真正意識到什麼是自己最珍愛的人、事、物，自己生命中不能承受之重有哪些**。

愛有多深，悲傷才有多重。為什麼總要在分離與失去時，才知道對方的重要呢？生命應該花費在值得的人、事、物上，所以悲傷指引我們有所取捨，珍惜現在擁有的，活在當下，無憾、無怨、無悔、無愧。

悲傷的盡頭是接納與轉化，而悲傷的意義是從失去中汲取力量，更加珍惜現在仍然擁有的，包括我們的回憶。「珍惜」便是悲傷化為灰燼後，從中生出的花朵。

四、挫敗

挫敗表示我們對自己的期待遠遠高於目前所能達到的狀態。

我們書院有位新老師，在某一次講完課之後和我有了下面的對話。

他：「為什麼我每次講課前特別興奮，認真努力地備課，可是講完後情緒就會馬上掉到低谷呢？」

我：「因為你對自己講課的效果或者狀態不滿意！」

他：「可是大家都說我講得不錯，還有不少人聽完課後現場就報名了呀！」

我：「是的，結果不錯，但情緒從來不騙人。你要分清頭腦和內心的兩種不同的聲音。頭腦說：『你講得不錯，大家都認可，你很棒。』可是內心在說：『這遠遠不夠，你還差得遠！』那個情緒其實就是在真實地告訴你：『我不滿意目前所達到的狀態！』情緒能幫助我們弄清楚自己真正的標準和期待有多高。」

他：「我應該怎麼辦？我感覺自己已經盡力了！」

我：「『理想我』和『現實我』之間總是有差距的，要麼『現實我』繼續努力精進，要麼『理想我』降低期待。如果『現實我』已經盡全力了，那要調整的就是『理想我』的內心標準！所以，你對自己講課效果的高標準和高期待是什麼？」

他：「我想成為像你這樣的老師！」

我：「哈哈！所以，你的高期待背後的邏輯是你講了一年課的功力等於我講十五年課的功力？如果你這麼快就跟我一樣了，那我這十五年豈不是白混了？」

他：「嘿嘿！不好意思，好像我的標準是高了點啊！我應該接納自己現在的有限，不要給自己這麼大的壓力。」

我：「是的，降低期待，從『心想』到『事成』，總是有個過程的！」

你看，這就是挫敗這份情緒背後的禮物，它不是力量，卻直擊內心，引指方向。

五、壓抑

壓抑表示保護自己，暫時避免矛盾和衝突。

我們時常會選擇忍氣吞聲，雖然在當時的情境中會感覺十分壓抑，但我們卻得以爭取到難能可貴的安寧和讓自己成長的時間：當我們還沒有能力或者準備去應對當時的衝突的時候，壓抑保護了我們。

每一次壓抑都避免了一次我們暫時不願意面對的衝突，當我們的力量和資源準備好應對衝突的時候，我們便可以選擇是否繼續壓抑自己，或是更真實地表達自己。壓抑讓我們退回到自己的空間裡，得以喘息和休憩。

有一位朋友曾和我分享他的感受，他說自己的中學時代是非常壓抑的，因為偏科，他的總體成績排名靠後，但是他又經常被學校選來參加各種團體活動，經常會受人矚目。

他因自己的學習成績感到很自卑，生怕被別人注意到，所以那段時間他很喜歡穿深色的衣服，上課時也總是把頭垂得很低，不願意被老師叫起來發言。他那個階段的人生狀態是蜷縮的、灰色的，他努力躲在自己的「殼」裡，以獲得暫時的安全感。

壓抑暫時保證了我們的安全，但同時也委屈甚至扭曲了真實的自己，有些人甚至還會形成習慣性壓抑。

解除習慣性壓抑的方法是努力覺察和區分過去（童年）那些「不得不」產生的壓抑，然後再和自己對話：「我現在已經成年了，我真的還需要這樣嗎？現在我的力量與能力比過去的自己大幾十倍，我已經有能力應對這個狀況，有能力真實地表達自己了。」

六、焦慮

焦慮是在表達「我現在的能力可能不足以應對這個問題」，要麼努力提升能力解決問題，要麼適當降低期待、減少焦慮。焦慮的人內心會有一個聲音：「快點、快點！必須全力以赴、力求完美啊！」

我們會忘記事物有其原本的發展節奏，忘記遵從這個規律，只希望它能夠更快、更早、更好地達成。容易焦慮的人往往不顧自己原本的狀態而過高地期望自己，有完美主義傾向或者強迫性觀念。

倘若我們能深入地察覺自己的焦慮，就會看到自己頭腦裡刻度的偏差，如果我們可以把那個刻度調整過來，就可以合理、有效地應對焦慮。

七、恐懼

恐懼是在表達「危險！我的準備還不夠充分！」

恐懼在告訴我們趕快想辦法遠離危險或者增加能力以解除危險。

八、委屈

委屈是在表達「你沒有給我這個，你應該給我這個的。」

內在小孩在告訴我們，我們有一些重要的需求沒有被滿足，那些需求是什麼？渴望被愛、被呵護、被尊重？如果別人無法給予，我們如何滿足自己，如何關愛自己？

九、絕望

絕望是在表達「是時候了，我應該放手了。」

它在告訴我們別在一棵樹上吊死，放過自己也放過他人，這件事該放下了，不要繼續放在心上了。

十、無聊

無聊是在表達「現在的生活或者自己的現狀並不是我想要的。」

那什麼才是我們想要的呢？

沒有不好的情緒，只有不被尊重的情緒。

沒有可怕的情緒，只有缺乏瞭解的情緒。

如果每次情緒來襲，我們都能夠靜下心來放下自己的評判和猜疑，不把自己當成受傷的羔羊，而是探究情緒到底想告訴我們什麼、它在表達什麼、它的價值在哪裡，我們就能拿到更多成長的禮物，運用這份情緒修正自己的道路。

《論語》中有言：「不怨天，不尤人，下學而上達，知我者其天乎！」孔子不抱怨天，不埋怨人，真是情緒管理的楷模。

練習：集體會診

1. 寫下自己常有的三種負面情緒，然後逐個覺察這個情緒在表達什麼？它對我的提醒是什麼？它的正面價值是什麼？
2. 選出大家都想分析的三種具有代表性的情緒，分別進行腦力激盪，探討這幾種情緒背後的正面價值有哪些。

真正傷害你的是你的信念認知

對單一的情緒，我們可以透過前面學習的方法梳理和調整；複雜且連鎖的情緒對我們的殺傷力會成倍地增加，我們很難將這些情緒剝離開來，看清楚每一種情緒所發出的真正信號，就像我們同時收到許多緊急郵件，不知道該如何下手處理，最終被這些情緒吞沒。那麼，我們就要從根源上尋找刺激我們產生各種情緒的原因到底是什麼。

真的是我們的經歷引發了諸多情緒嗎？如果是這樣，那人生豈不是很被動？而且相同的一件事，為什麼不同的人會有不一樣的情緒反應呢？看同樣一部影片，為什麼有的人淚流滿面、感動得不行，有的人卻無動於衷、不以為然？如果真的只是因為外界的人、事、物讓我們有各種的情緒，那麼同樣的人、事、物應該引發相同的情緒才對，可實際情況並非如此，這中間發生了什麼呢？

小莉在一家外企工作，收入和福利都不錯，在大多數人眼裡，他有一份令人羡慕的工作，但是在工作中他卻常常感到不開心，甚至經常會想要跳槽。

原來他的直屬上司是一個十分嚴格和挑剔的人，小莉寫的文稿或者企劃總是一遍遍地被打回修改，甚至有幾次他用了許多天辛苦完成的文案，最後直接被否決，被採用的是另一位早他一年來公司的資深同事文案。

他感到十分沮喪、憤怒，認為是這位上司在故意挑他的毛病，不重用他。後來有一次他和那位同事聊天才知道，他的文案、企劃也經常要改七、八遍，可能最後都不能被採用，這位上司對誰都這樣。但也正因為上司這種工作態度，部門才能連續以優異的考核成績被總公司欣賞，得到更多經費支持，員工的福利和待遇才能達到現在的水準。

當小莉不再認為「上司一遍遍打回我的文案是故意為難我」，便沒有憤怒的情緒了，後來他透過自己的努力以及憑藉認真的態度得到了這位上司的賞識，很快就獲得了晉升的機會。

一定要懂的情緒ABC理論

我們通常都會覺得我們有情緒是因為受到某個人或者某件事的影響，而實際上，真正觸發我們產生情緒的是我們內心構建的故事。也就是說，我們對於某件事或某個人的認識和看法決定了我們會有怎樣的情緒，這就是著名的情緒ABC理論。

情緒ABC理論是由美國心理學家阿爾伯特．艾利斯（Albert Ellis）所提出，A、B、C三個字母分別對應三個英語單字：A—Activating event（激發事件），B—Belief（信念），C—Consequence（結果）。

該理論認為事件A並不是引發情緒和行為C的直接原因，在A和C中間還有一個至關重要的因素，那就是個體對激發事件A認知和評價而產生的信念B。換句話說，悲傷、快樂、內疚、憤怒、忌妒、驕傲、焦慮、厭惡等情緒的出現，並不直接取決於發生的事件，而是取決於我們對這些事件的解讀。

比如，當一個人小時候受到責罵，如果他內在的信念解讀是「都是我的錯，因為我搞砸了一切，所以爸媽才會生氣」，他就會產生自卑、自責、愧疚等一系列情緒；假如他的信念解讀是「這不是我的錯，原本不應該是這樣的，我是被冤枉的」，那麼他可能會產生委屈、憤怒、悲傷等不同於前面的情緒。

如果這些情緒在當時沒有及時得到表達，那麼每當這個人經歷一些類似被責罵的事件時，內心便會自動認同兒時的信念，生出兒時的情緒感受，這些信念和情緒感受往往因為大腦「自動化」的處理而被我們忽視。

麻煩的是，信念在形成的過程中，往往因為我們年齡尚小，獲取的訊息有限，所以常常是不完整、刻板、極端、絕對化的，我們把這些信念稱為「非理性信念」。非理性信念通常有以下一些特點：

1. **絕對化**：有這種信念的人常常會出現諸如「必須」、「應該」的想法和要求，例如：「我必須做得很好才能贏得他人的認可，否則我就是一個很無用的人。」

2. **自我攻擊**：有這種信念的人會因為一些讓我們感到挫敗的事件澈底否認自己的能力，例如：「如果我離婚，我就不是個好女人，我就是個沒人愛的人。」

3. **人格攻擊**：我們會將行為和人格連結在一起，會覺得某人做了怎樣的事就證明他是一個什麼樣的人，例如：「他借錢居然不還，他就是個沒良心的人。」

4. **極端化**：有這種信念的人認為有某種結果太糟糕、太可怕或者說太嚴重，好像一切都因此沒有希望了。例如：「如果我兒子考不上大學，他的人生就會完蛋，就澈底失敗了。」

現在我舉個例子來說明以上四點：

有一天，你的主管特別嚴厲，非常不公平地批評了你（A），你感到憤怒（C）！那麼接下來讓我們來審視一下，在這個事件（A）和你感受到的憤怒情緒（C）之間，會存在一些什麼樣的非理性信念（B）呢？

1. 可能是「他不應該這樣不公平地對待我。」

2. 可能是「我真是太沒用了，所以才會被主管批評。」
3. 可能是「主管這樣說我，他真是一個很差勁的主管。」
4. 可能是「主管批評我，這件事情真是太糟糕了，我肯定完蛋了。」

以上這四種想法就是你內在的信念和想法，當你這樣想的時候，會自動萌生一大堆的情緒，如惱怒、沮喪、挫敗、怨恨、無助、悲傷等，然後你可能會因此不再好好工作或者辭職，甚至做出一些破壞性行為。

但是這些信念是客觀事實嗎？真的是這樣嗎？現在我們嘗試質疑這些信念：「為什麼我的主管就必須要對我公平呢？就因為他不公平地對待我，我就無法忍受，不能快樂生活了嗎？」「他不公平地對待我，只憑這一點，他就真的是一個很差勁的主管嗎？」「他過去有沒有表揚、稱讚過我？他從頭到尾都不喜歡我、不看重我嗎？」最後你還要質疑：「這件事真的那麼糟糕嗎？糟糕到天都要塌下來了嗎？」

通常在質疑自己大腦中的那些非理性信念時，你會發現你得到的答案往往都是不確定的。我們還是用上面這個案例來說明：如果你的主管不公平地批評你，那麼在你質疑了過去的信念之後，那些新的理性信念（B）可能會是什麼呢？

我同樣列舉出了四種：

1.如果主管可以做到公平當然是最好的，但是沒有任何一條法律條文規定主管就必須做到公平。

2.即使他這一次對我很不公平，我也是可以承受的，這並不妨礙我繼續開心地過生活，這件事和這個情緒並不會被帶到我生活的其他方面。

3.雖然他今天很不公平，但是他做過很多其他的事情還是值得稱讚的，因此不能僅憑這一件事就說他是一個純粹的壞人。

4.被批評的感覺當然不好，但是天並沒有塌下來，這件事也沒有糟糕透頂。

這樣轉化的時候，心情是不是好多了？之前那些負面情緒是不是減少了？雖然主管不公平地批評你，但現在你可能會比較平靜或者比較堅定地和主管溝通，讓他知道事情的真相，讓這件事不會向更糟糕的方向發展。

事件A不變，但因為內在的信念B不同，所以引發的情緒和行為C就不同了，這也是中國古人所講的「境隨心轉」的功夫，一念之轉，涅槃重生。

如果導致我們產生情緒的非理性信念不是指向他人，而是指向自己，就可能會因此激發我們另外一些比較極端的負面情緒。

還是用上面的例子來說明：「主管批評了我，我會怎麼攻擊自己呢？」可能是下面這樣：

「什麼事情都不如意，生活對我來說總是那麼不公平，生活不應該是這樣的。」
「我真是太失敗了，做什麼都做不好，一無是處。」
「事情變得這麼糟糕，我真的受不了。大家都會取笑我，我活不下去了。天啊，我怎麼辦？」

如果這樣的想法總是不斷地出現，那麼你整個人可能都會因此變得非常沮喪，甚至會產生抑鬱情緒。

非理性信念往往是引發我們不良情緒的罪魁禍首。

大家來找碴：我有非理性信念嗎？

具有非理性信念的人要麼攻擊他人，要麼傷害自己，要麼怪罪社會，所以識別非理性信念是獲得健康情緒非常重要的一步。要做到這一點，我們首先要明白理性信念和非理性信念的區別。

一、絕對化與有彈性

非理性信念通常是絕對化的，包含「必須」、「一定」、「應該」的意思，沒有例外也沒有彈性，例如：「我一定要得到這個職位。」「他是我男朋友，就應該讓我。」具有這種思維的人認為事情只能如他所願，要完全掌控事態，常常追求完美，如是事情未能如願，就會產生強烈的情緒波動。

理性信念往往是靈活、變通、有彈性的，常包含「想要」、「爭取」、「希望」的意思，例如：「我想要得到這個職位，但不一定能成功。」「他是我的男朋友，我希望他讓我。」具備這種思維的人，擁有理想與欲望，但允許事情有例外，可以接受事情無法盡如人意，遇到一些糟糕的事情，雖然很不喜歡，但也能夠忍受，情緒雖然仍會受影響，但影響強度不大。

二、極端化與多元化

非理性信念常常是極端化的，標準是絕對的、單一的，習慣用二分法思考問題，非黑即白，不是好就是壞，不是成就是敗，例如：「男人都不值得信任。」「沒考上大學就是失敗。」他們看不到事物的更多角度，一旦事情不符合自己的預期，就很容易失望、挫敗、崩潰。

理性信念是相對、多元的，允許有中間或模糊地帶，可以從多個不同的角度看待問題，不會因為局部就澈底否定自我或者他人，例如：「不是所有的男人都不值得信任，也有可靠的。」「考不上大學是很失敗，但不代表人生就全完了。」

我們每個人都有可能會犯錯，都有可能做錯事或者得罪人，但不會因為這件事而全盤否定自己或者別人。

三、不合邏輯與符合邏輯

非理性信念通常都沒有嚴謹的邏輯性，往往會得出錯誤的推論，例如：「我不喜歡某個同事，你是我的朋友，那你就不能喜歡他。」這個邏輯很奇怪。

理性信念是有邏輯依據的，其對因果關係的推理是符合客觀規律和常識的。例如：「我不喜歡他，雖然你是我的朋友，但不代表你也不能喜歡他，在這一點上，我是我，你是你。」

四、誇張與客觀

非理性信念具有誇張的性質，會過度誇大負面結果或放大事情的破壞性，將其災難化。例如：「明天的演講，我肯定講不好，全公司都會看我的笑話。」「如果離婚了，所有人都會看不起我。」具有這種思維的人常常會預演發生非常負面或嚴重的後果，所以情緒容易失衡，感到擔心、害怕。

理性信念通常是客觀性的，這樣的思維可以讓我們更加客觀理性地分析現狀、做出評價，雖然可能會有諸多不好的因素，但同時也還有一些因素不那麼糟糕，甚至不好的因素中還隱藏著讓我們成長的資源。例如：「明天的演講，我可能講不好，但我總算敢上臺了，這也是進步。」「如果離婚了，也許有人會看不起我，但也有人會理解我。」

五、以偏概全與就事論事

非理性信念總會以偏概全，以偶然發生的事或有限的資料代表全部。例如：「我什麼都不行，我就是個笨蛋。」「女人只有變壞才會有錢。」「做得好不如嫁得好。」「你從來都不關心這個家。」實際上，任何人、事、物都不是絕對化的，要具體問題來具體分析。

理性信念則可以就事論事，一事一議，看到任何事物都會認為其只發生在特定的情境下，而不是發生在所有情境下，認為有很多事物是特殊狀況而不是普遍現象。

六、阻礙目標達成與促進目標達成

非理性信念常常阻礙目標的達成，沒有實際價值。例如：「我真沒用，我註定是個失敗者。」當你這樣想時，自然什麼也不想做，什麼也做不成，而理性信念可以促進目標達成，例如：「這件事我做不好，並不代表什麼事我都做不成，我只是缺少方法，仍然可以繼續努力。」

非理性信念和理性信念的比較如下表1所示：

表1　非理性信念和理性信念的比較

非理性信念	理性信念
絕對化	有彈性
極端化	多元化
不合邏輯	符合邏輯
誇張	客觀
以偏概全	就事論事
阻礙目標達成	促進目標達成

現在對照上表，自省一下：我們的思維常常處在什麼狀態呢？將這些詞放在一起對比，你的感受是怎樣的呢？你是否也會在不知不覺中陷入某個非理性信念的陷阱呢？

以下是在我的線下情緒管理課中，學員們從生活中自行找到的非理性信念。對照一下，看看你有沒有；如果有，覺察一下它對於你的情緒及生活的影響是什麼。

1. 我如果生不出兒子，就對不起列祖列宗。
2. 如果孩子考不上很好的大學，我就不是一個好媽媽。
3. 如果一個男人出軌，他就是個人渣。
4. 如果一個女人不會做家事，他就不是好女人。
5. 如果我不聽父母的話，那就是不孝。
6. 如果沒有達成目標，就是因為工作不努力。
7. 離婚了就不是好女人，人生就完了。
8. 如果我老公離開我，我就不活了。
9. 孩子不好好吃飯，就長不高，就完了。
10. 我一定要表現得很好，這樣我才會被人喜歡。
11. 人不可以做錯事。
12. 失敗一次，一生就完了。

13. 每一個人都應該得到所有人的愛。
14. 我不說，別人也應該知道我的想法。
15. 一個人應該去幫助別人，不能拒絕，否則就是沒有愛心。
16. 每個人遇到問題時，都應該找到完美的解決方案。
17. 我是完美主義者，做事一定要完美。
18. 如果我把真實的感受說出來，一定會被嘲笑。
19. 世界應該是公平的，壞人應該受到懲罰。

看見就是自由，當覺知升起，我們就有了新的選擇。我們用理性的信念和思維方式取代那些絕對化、極端化的非理性信念和思維，便可以客觀地對人、事、物做出評價而不是全盤否定，因此產生的便不再是那些自毀的情緒。

雖然我們得到的可能還是一些負面的情緒感受，但是這些情緒並不會令我們的行為失去控制，並且透過這些情緒，我們可以準確地捕捉到自己內心的活動以及需求，以此來指導我們如何應對和行動。

練習：大家來找碴

「唉！我註定一輩子沒出息。長相平凡，才能平庸，口才不行。我這麼無趣的人，人家怎麼可能會喜歡我呢？難怪每次公司團體活動都沒人主動跟我說話，肯定有很多同事在背後嘲笑我，我真是個可憐蟲！」

「一想起這幾天的事情，我心裡就難受。老公出國旅遊居然沒帶禮物給我，而且今年我的生日他也忘了，一點表示都沒有。以前談戀愛的時候他都記得的，現在結婚了，把我騙到手就變心了。他肯定是不愛我了，完全不把我當一回事，一點都不在乎我。他是不是在外面有別人了？這個家真的要完了，我是不是要離婚？天啊！這日子怎麼過呀？」

一、仔細閱讀上面兩則敘述之後，就其內容分析討論：

1. 每則敘述中有哪些地方是不合理的想法，即非理性信念？
2. 這些非理性信念為何不合理？
3. 這些非理性信念會引致什麼結果？這對你的情緒有何影響？
4. 將這些非理性信念改換成怎樣的想法較合理（即理性信念）？

二、你是否也有其中的某種非理性信念？它是怎麼來的？對你的影響如何？你打算如何面對它？

人們並非被外界的事件所困擾，而是他們對事件所採取的觀點困擾他們。

——古羅馬哲學家　愛比克泰德

轉化你的非理性信念，提升認知

非理性信念多半都是在重複兒時的腳本，進而不知不覺地循環舊日的情緒。為什麼會這樣呢？

著名的美國認知心理學家唐納德．H．梅根鮑姆（Donald H. Meichenbaum）和亞倫．貝克（Aaron T. Beck）提出「內在對話」與「自動化思考」的概念，這也是形成我們信念系統的重要過程。

我們的大腦為了節約能源，減少消耗，會習慣性地沿用固有的思維模式，不願把相關資訊提取到意識當中，再重新進行思考和加工，而是直接跳過這一步，進入與之對應的舊有情緒感受層，這就成為我們自動化的模式。

如果你可以保持一份覺知，多向內觀察在我們的內心世界正在發生些什麼，你會發現那個小時候便形成的「自動化」信念在影響你，你會忍不住發笑：原來我一直抱著這樣的想法在生活，那我怎麼可能經營得好我的人生呢？

大多數時候，當那些糟糕的情緒產生時，我們很難讓自己停下來去思考情緒背後的非理性信念是什麼，任憑這些情緒裹挾著我們一次又一次地掉進這個陷阱裡，除非你有意識地覺察到它並練習轉化它。

信念轉化三步驟

我們需要識別出這些非理性的信念。在前一節我總結了非理性信念的幾大特點，現在我們進一步深化自省。

一、寫下自己的信念

假設，我們先寫下一句話：「我一定要拿到這個職位，否則以後就沒有晉升的機會了。」

然後開始問自己，這些想法是否讓你感到有壓力？是否會影響你和他人的關係？是否會讓你更沒有力量和動力？如果答案是肯定的，它就是非理性信念。

接著尋找語句中的關鍵字，看看是否有「必須」、「一定」、「應該」等強制性字眼。如果有，則屬於非理性信念。

最後檢查一下語句中是否有誇大性或災難性預判，是否符合客觀存在的事實，有沒有例外情況，有沒有不合邏輯的漏洞。如果有，則屬於非理性信念。

二、質疑和駁斥這些非理性信念

質疑和駁斥的方法有以下幾種：

1. 第三方說服

假設這不是你的問題而是別人的問題，你只是旁觀者。當你跳出當事人的視角用第三方的角度來看問題時，就比較能夠客觀公正地思考。例如，有一個人跟你說：「我一定要拿到這個職位，否則以後就沒有晉升的機會了。」你聽完可能會想：「哪有這麼嚴重，就算這次沒被選上，以後說不定還會有機會呀。」

2. 律師辯護

律師喜歡憑證據說話，注重邏輯。假設你是一名律師，當你聽到你的當事人講「我一定要拿到這個職位，否則以後就沒有晉升的機會了」時，你會怎麼反駁他呢？

「你有什麼證據證明你一定會被選上，你的優勢在哪裡？」

「你憑什麼判斷這就是你最後一次機會，以後絕對沒有晉升的可能性了。這是事實嗎？證據是什麼？」

3. 諮詢師提問

好的諮詢師不是要給來訪者答案或建議，而是透過提問引發其更深的思考，讓答案自動呈現。當一個人跟諮詢師說「我一定要拿到這個職位，否則以後就沒有晉升的機會了」，你猜諮詢師會怎麼提問？

他可能會問：「為什麼這個職位對你如此重要？你想透過它得到什麼？」

「如果你想要的是別人的認可，那拿到這個職位你就覺得夠了嗎？它對你而言真的有那麼重要嗎？」

「堅持這個想法會讓你付出的代價是什麼？你確定要付出這些嗎？」

「即使真的拿到了，又如何？」

透過以上三種方法，我想你的想法就變得多元而客觀了。

三、用新的理性信念轉化非理性信念

現在，開始重建你的信念吧！你可以按照前一節講到的理性信念的特點來自我轉換。以上面的例子來說，你可以將其改成：「我很希望拿下這個職位，但我並沒有十足的把握，不一定能達成。就算沒達成，也不代表以後就沒有機會了，我還可以繼續爭取。如果真的達成了，我會比現在更忙、更辛苦，也是要付出很多代價的。」

你看，這樣想，是不是舒服了很多？任何事物都有多面性，這才是真相！

●檢查你的信念清單

下頁表2的十八個題目代表了你的信念，請詳細閱讀後，根據你的實際情況，在右邊三個選項中勾選出最符合你的情況。

勾選「從不認為」者，表示你沒有該句所陳述的非理性信念；勾選「偶爾認為」者，表示你偶爾會有該句所陳述的那種非理性信念；勾選「經常認為」者，表示你具有該句所陳述的那種非理性信念。

表 2　非理性信念測量表

信念描述	從不認為	偶爾認為	經常認為
1.我覺得一個人一定要表現得很好，才會被人喜歡。	☐	☐	☐
2.當別人不喜歡或不肯定我時，我會覺得是我不好。	☐	☐	☐
3.我覺得別人不瞭解我。	☐	☐	☐
4.當事情沒有照我的期望發展時，我會覺得很糟糕。	☐	☐	☐
5.我常常不敢把真正的想法或感覺告訴別人，因為我害怕他們會對我另眼看待（笑我或不喜歡我）。	☐	☐	☐
6.我應該被周圍的人所喜愛、稱讚，這樣才有價值。	☐	☐	☐
7.當問題來臨時，我認為設法逃避比面對容易。	☐	☐	☐
8.現在的我之所以會這樣是受家庭及過去環境的影響，我覺得無力改變自己。	☐	☐	☐
9.我天生內向（或固執、愛哭等），雖然我很想改變，但好像無能為力。	☐	☐	☐
10.如果我的好朋友（或異性朋友、配偶）在乎我，他就應該知道我的想法。	☐	☐	☐
11.我覺得人的力量很有限，無力改變外在的世界。	☐	☐	☐
12.我覺得自己的問題應該自己解決，不應該去麻煩別人。	☐	☐	☐
13.我覺得自己沒有什麼值得別人喜愛的地方，我要做得更好才行。	☐	☐	☐
14.雖然我努力，但還是常常無法達到自己的目標或理想。	☐	☐	☐
15.朋友有困難需要人幫忙，當他向我求助時，我會覺得我有責任幫助他；如果我不能幫忙，我會感到對不起他。	☐	☐	☐
16.當別人讚美我時，我常常不敢自在地接受，或是覺得不應該接受。	☐	☐	☐
17.上司或長輩所説的即使沒有道理，我也不太敢反駁或不想反駁，因為我根本無法改變他們。	☐	☐	☐
18.當事情做不好時，我總覺得是我的錯。	☐	☐	☐

接下來，把你在清單中發現的所有非理性信念列出來，自問或請其他成員問你：

1. 你為什麼會有這種想法？是在什麼情況下或發生了什麼事而有此想法的？
2. 擁有這種想法對你的情緒或生活、行為有何影響？你喜歡這些影響嗎？
3. 引起上述這種想法的情況或事件一直存在著，還是已經消失或偶爾在發生？
4. 回想一下，當初發生的那種情況或事件對你而言公平嗎？你現在還是當初那樣嗎？還是說你已經和當初不一樣了？你認為這種想法對現在的你完全正確嗎？有無與現在的你不符合的地方？如果有，是什麼？
5. 一直守住這個想法對你有何好處？這代表什麼？這真的無法改變嗎？
6. 這個想法不合理的地方是什麼？你認為如何調整比較合理？這種調整給你什麼不同的感受？

最後，整個活動結束後，你的學習與心得為何？

當我們可以透過一些練習，敏銳地覺察到日常生活中引發我們情緒的那些信念，我們便可以進行「自我對話」。例如：

我現在的想法是合理的嗎？

合理的地方在哪裡，不合理的地方在哪裡？

如果我繼續保持這樣的想法，會發生什麼樣的後果？

我希望這樣的事情發生嗎？如果我不希望，我可以為此做些什麼呢？

同時，我們還可以透過換位思考看到如果這樣的想法和信念出現在別人身上，我們會有怎樣的感受。如果我們常常只站在自己的立場和角度看待問題，那麼我們的眼光一定會有局限。當我們把自己固守的某個信念放在別人身上的時候，我們才會發現這樣的信念為人際關係帶來多麼糟糕的後果。而這樣的後果，真的是我們所期待的樣子嗎？

當你可以這樣問自己的時候，那個合理的、有建設性的、多元化的、有彈性的新信念便開始重建了。

佛洛伊德認為，所有的情緒都是內在心理和內在個人的，而不是人際間和外在的。也就是說，情緒不是我和你之間，而是我和我之間的體驗！

練習：信念轉化方程式

一、與小組成員討論，本節十八個信念描述中，哪三個是對你影響最大的？它是如何影響你的生活的？大家一起運用所學到的方法把十八個非理性信念轉化為理性信念。

二、此練習的目的是學習分辨非理性信念以及運用本節所講的質疑駁斥的方法，練習駁斥引起情緒困擾的非理性信念並重建理性信念，使自己成為一個擁有情緒自控力的人。

三、回想一下，最近發生的什麼事讓你情緒不愉快或引起了你的情緒困擾。例如：主管最近總是要求加班又不給加班費，我自己不好提，覺得又生氣又窩囊。

四、依照下面的步驟進行信念轉換與重建。

事件（A）：＿＿＿＿

情緒（C）：＿＿＿＿

1. 情緒背後的非理性信念：

(1)＿＿＿＿

(2)

(3)

2. 質疑和駁斥

(1) 第三方說服：

(2) 律師辯護：

(3) 諮詢師提問：

3. 新產生的理性信念

(1)

(2)

(3)

4. 產生的新情緒

(1)

(2)

(3)

自我關愛，提升自我價值

透過前面的學習，我們知道了引發情緒的根源是內在的非理性信念，不知你有沒有發現，在非理性信念裡，我們總是在做著同一件事——自我攻擊；情緒低落時，內心總是充斥著「我不夠好」、「我很糟糕」這樣的聲音。

自我價值感低，這是病根。

一項對超過五千個諮詢案例的匯總結果顯示，很多人低自我價值感的表現主要有：自卑、內向、習慣性逃避、患得患失、充滿負能量、失眠、氣場弱、不會聊天、容易緊張等。那麼低自我價值感和高自我價值感在行為中有哪些不同呢？讓我們來對比一下（下頁表3）。

請你比對完之後，思考一下，你更偏向於哪一邊呢？或者說，大多數時候，你是高自尊還是低自尊的？

表3　價值感行為比較表

	高自我價值感的行為	低自我價值感的行為
1	對自己很有信心，喜歡自己，認為自己不錯，對未來充滿興趣與信心。	對自己缺乏信心，不喜歡自己，認為自己沒用，對未來感到擔心。
2	喜歡交朋友，欣賞別人的優點，容易與人相處與合作。	面對別人不自在，不敢與人交往，羨慕或忌妒別人，獨來獨往。
3	心情經常是愉快的；會開自己的玩笑，也經得起別人開玩笑。	心情常常鬱悶、擔心；對自己嚴肅，害怕別人取笑自己。
4	對環境有探究的興趣，喜歡接觸新事物。	環境對他有威脅感，避免接觸新事物。
5	在團體中願意貢獻意見與力量，也能為自己的想法辯護。	在團體中不敢表達意見，不敢確定自己的想法，在意別人的意見與想法。
6	主動性強，願意冒險以擴展視野，偶爾會犯錯、惹麻煩。	被動、退縮、不敢冒險，害怕失敗，凡事小心謹慎，死守規定，不敢犯錯。

低自尊的三種面具

高自我價值感的人往往對自己和周圍的世界抱有一種積極的態度，他們可以客觀地看到自己以及他人的長處及優勢，並且願意欣賞和學習這些優勢，總體上來說他們對自己是比較滿意的。

而低自我價值感的人因為自己內在的信心不足帶來的痛苦感十分強烈，以至於他們眼中的世界也是充滿了瑕疵和痛苦的，他們傾向於用消極的眼光看待自己和周圍的世界：如果自己是糟糕的，那麼我也不能接受這個世界是好的。由於這種「我很糟糕」的感受實在太痛苦，心理防禦的機制便會啟動，對他們形成保護，並透過以下不同的形式表現出來。

一、自我退縮型

他們不敢表現自己，更不敢表達自己的想法，用順從討好的姿態迎合周圍的人，避免衝突，防止外界對自我造成更多破壞性的打擊，因為他們已經經受不起更多的威脅，這是自我價值感較低的人常用的防禦形式。

二、自欺欺人型

他們常常表現出與內在相反的狀態，在心理學中我們也稱這種現象為「反向形成」。這一類人用「外表的強大」掩飾「內在的虛弱」，往往看起來還不錯，因為他們將所有的力量都用來讓自己看起來是足夠好的。他們也往往能獲得一定的成績，但他們不願意正視自己內心的真實和脆弱，無法接納失敗和來自外界的負面評價，任何可能會觸碰到他們脆弱的行為都會激起他們強有力的反擊。他們往往活得很辛苦，因為必須傾盡全力才能維持一個看起來很不錯的表象，他們即便擁有非常光鮮亮麗的成就，也很難真正地享受人生。

三、毀滅型

他們是第二種類型失敗後的表現，因為沒能發展出令人滿意的「外部成就」，或者「外部成就」崩塌，所以他們不得不面對那個令他們自己都厭棄的自我。這實在太痛苦了，以至於他們「鋌而走險」，只要能不去面對那個不堪的自己，做什麼都可以，可以不擇手段，不達目的不甘休。

所有自我和他人關係的親疏、好壞都是由「我」和「我」的關係決定的，我們如

何看待自己，也便如何看待這個世界。當我接納我自己的時候，我與別人的關係自然就好；當我不肯接納不完美的自己時，我跟外界的關係就不好。

「我」是一切關係的根源，「自愛」是我們愛世界的基礎，所以整合關係、學會愛的前提便是提升自我價值。

● 提升自我價值的妙招

如何才能提升自我價值，變得更加自信呢？

一、改變認知，從接納和肯定自己開始

重獲自信，首先要改變思維認知，扭轉以往的錯誤思維。例如：

「我總是失敗。」

「其他人不會喜歡我。」

「我又犯了一個錯誤。」

很多人會給自己貼上各種負面的標籤，如笨、懶、沒有吸引力等，這些替自己帶來壓力，心理學上稱之為「認知曲解」。這樣的認知錯誤如果不從你的大腦裡剔除，那

你一輩子都會受此煎熬。

如何改變認知？快速的方法是從表達接納自己的言語開始。

否定自己的人，總會找機會去證明自己不夠好，否定自己的成就；或者事事要求完美，不允許自己犯錯。他們總是對現在的自己不滿意，總想成為更好的自己，其實**接納自己不是成為「更好的自己」，而是「更好地成為自己」**。

改變認知需要大量練習，其中改變言語是非常快速有效的方法。從現在開始，每天對著鏡子告訴自己：「我是足夠好的！我是值得被愛的！我喜歡我自己！我接納我自己！我是安全的！我是可以犯錯的！我要成為自己的主人！」

一開始說這些話可能會感覺虛假、不自在，但天天講、反復講，你就是在創造和強化一條新的神經連結。不斷加強它，直到它變成自動化模式，代替過去的模式。

二、實踐行動

自信不能只停留在言語和思想上，更需要透過行為去確認、打下基礎，透過實踐行動一次次積累成功經驗，然後反哺內心，鞏固自己的自信。

下面介紹幾個快速提升自信的行為小妙招。

1. 注意儀表

一個人保持整潔、得體的儀表，有利於增強自己的自信心。英國赫特福德大學的一位教授曾提到，衣服可以影響人們的心理過程和認知，最終，你的穿著會影響你的自信程度，書中強調了一個理念，即「穿什麼就是什麼」。

一項關於「怎樣能讓人更自信」的調查顯示，女性感覺自信的十件事情中有新髮型、腳踩高跟鞋、塗唇膏、噴灑香水，男性感覺自信的十件事情中則有剛剛剃完鬍鬚、剛剛刷完牙、做了新髮型、穿新西裝。所以，女性幫自己買一支喜歡的口紅，男性堅持天天洗頭，都是提升自信心的好辦法。

當然，除了穿著得體，還可以練習隨時保持昂首挺胸、肢體舒展、面帶微笑等。

2. 正視他人

有些人不夠自信的表現之一就是習慣性地低頭和眼神躲閃。不正視別人通常意味著在你旁邊我感到很自卑、我感到不如你以及我怕你；躲避別人的眼神意味著我有罪惡感、我做了或想到什麼我不希望你知道的事，我怕一接觸你的眼神，你就會看穿我。

因此，你可以嘗試鍛鍊自己在交談時正視別人的眼睛。正視之前，先做三個深呼吸，放鬆肩膀，花一點時間感覺自己的雙腳穩穩地踩在地板上，然後與自己的內心對話，告訴自己：「我是穩定的！我是安全的！我是有力量的！我是有價值的！」持續地重複這些話，當你感覺足夠自信時，再看向對方的眼睛，記得這樣做時要深呼吸。

3. 緩慢清晰地表達

有些人講話很快，並不是因為思維敏捷，而是怯懦、不自信，害怕自己脆弱的觀點在空氣中暴露太久，會讓對方找出破綻，於是只好含糊而過。你不妨嘗試講慢一點，讓每個觀點擲地有聲，讓每句話在空氣中自由傳播，不要太在意聽者的反應。在表達的那一刻，堅定地告訴自己：「在我的認知範圍內，我講的每句話都是對的；如果不對，我願意為之承擔後果。我敢於發出自己的聲音！」

4. 記錄成功事件

專門準備一本「自我欣賞本」，每天用一點時間記錄當天的一些小小成功，如某次考試分數提高了、體重減輕了、業績增長等。刻意記錄你做得不錯的事情，寫下發生的時間和地點、事件背景、當時場景、他人評價、自我欣賞的語句以及情緒感受。比如：

時間：2022年2月15日
地點：家裡
事件背景：我請全公司同事來家裡吃飯
場景：我做了一大桌菜，大家吃得很開心，都不相信我是剛學做菜的人。
他人的評價：大家誇我廚藝很好。
我的情緒感受：非常開心！
自我欣賞語句：○○，你真的很厲害！你居然完成了這麼艱難的任務，太厲害了！

不要小看這個自我欣賞本，它的作用就像在黑暗的房間裡讓聚光燈照到自己的優點上。積少成多，你會越來越喜歡自己、欣賞自己，請相信積累的力量。

5. 運動流汗

選擇一項自己喜歡的運動，堅持下去。運動不僅可以幫助我們塑造完美的體型，還有助於我們活在當下。運動時，你的身體雖然在動，但是心靈卻會逐漸變得寧靜，會有一種能夠掌控自己的成就感。

6. 精通一項技能

找到一件自己喜歡的事情，努力學習，將其做到極致。具備學習能力的人通常都很有自信；反過來也一樣，真正自信的人通常是因為相信自己的學習能力。所以面對挑戰的時候他們不會怕，因為他們知道「大不了去學」，只要花時間真正精通了一項技能，那麼學習其他技能的時候心理上就會變得更輕鬆，這是良性循環。

而且，當你專注地學習一項技能時，常常能進入心流狀態，體會到禪定一般的寧靜與喜悅。

7. 事前做充分準備

如果不做準備，就是在準備失敗。從事某項活動前，如果能做好充分的準備，那麼做事時必然較為自信，也更容易順利完成，一旦成功，反過來必然又能增強自信心。比如要參加演講，演講前就在家裡反復練習，還可以用錄影片的方式反復研究。經過充分準備後，站在臺上時，就能比較從容地應對觀眾的目光了。

「做→做到→因做到而受到肯定」，重複這三個步驟，我們的自我價值感就會一點點提升。

8. 嘗試做一件從來沒有做過的事

透過做一些以前沒做過或想做而不敢做的事情，如獨自旅行、高空彈跳、學習一支火辣的舞蹈等，告訴自己「我可以的」。試著摘掉束縛自己的各種標籤，不斷地嘗試進取，發現不一樣的自己。

9. 加入一個正能量的學習團體

好的成長團體是一個巨大的容器，具有療癒性和陪伴性。在這裡你可以結識許多優秀的人，耳濡目染，發生改變。很多書院的會員說，他們喜歡到書院上課，因為這裡是大家的「第三空間」，氛圍很放鬆、開放，除了有老師的教導，還有大家的相互支持和鼓勵，真的是一群人會走得比較遠。

三、透過心理治療，療癒重大心理創傷

如果生命中經歷過重大創傷，如被家暴、被打罵、被拋棄、被性侵、重要親人意外離世等，往往需要尋求專業諮詢師的幫助，透過專業治療修復心理創傷。

接受自己，就是以一種溫暖、關愛、親切、寬容和體貼的態度對待自己。批判別人源自不接受自己，會批判別人，就一定會批判自己，所以每一次批判別人，自己都會

受傷一次。

對別人的限制，其實正是對自己的限制；看別人不順眼，其實是看自己不順眼；覺得別人不可愛的地方，就是自己不可愛的地方；不滿意別人，正是因為不滿意自己；你怎樣批判別人，就會怎樣批判自己。

原來，你真正不能接受的人是自己，而不是別人！

練習：優點轟炸

此活動共分兩部分，先說自己的優點、長處，再聽別人說你的長處。

一、成員輪流當被轟炸的人及計時員。

1. 自說己長：說出自己各方面（如外表、能力、個性……）的長處或優點，每人必須說完兩分鐘，說完後大家可以給予掌聲鼓勵。
2. 聽說己長：由其他成員依次說出你各方面的長處與優點，你只需要安靜聆聽，不可表示不好意思或否認，最後只需要說「謝謝你讓我知道。」當所有人「轟炸優點」完畢時，可以給予掌聲肯定。

二、所有人都完成之後再一起分享討論吧！

1. 自己說自己的優點很困難嗎？為什麼？今天如此練習，說完兩分鐘之後，你有何感受或想法？
2. 聽到別人說你的長處，你相信他們說的嗎？你的感覺如何？為什麼？在別人「轟炸」過程中，你對自己有無新的看法？如果有，是什麼？覺得如何？
3. 讚美別人很難嗎？你很常讚美別人嗎？為什麼？這次讚美別人的經驗讓你有何心得？
4. 整個活動結束後，你的心得與學習到的東西是什麼？

看見系統層面的無意識情緒

除了前面章節講到的意識層面的情緒以及潛意識層面的情緒，還有一些情緒感受來自更深層次的精神世界。

著名的心理學家榮格最早提出「集體無意識」的概念，他認為我們人類的行為不僅受到意識、潛意識的影響，還受到更大的「系統」的影響，這個「系統」中存儲著基因、地域文化、環境、宇宙等許多我們人類未知領域的訊息，而家族系統排列呈現出的就是這樣一些非常神奇而有趣的現象。

德國心理治療大師伯特・海靈格經過三十年的研究，在無數的個案諮詢後發現了這一神奇的規律。他透過現象探究引發問題的根源，力求呈現隱藏在現實背後的系統層面的「真相」。排列師透過呈現出來的現象推測由「系統」而來的資訊，然後加以解讀和利用，達成治療的目標，這與老子的《道德經》所詮釋的「道」有相通之處，因此海靈格非常推崇老子。

透過家族系統排列，我們可以體會到系統中其他成員對我們情緒感受深刻而難以覺察的影響，哪怕那個成員從未出生或者已經不在人世，系統也會記錄下他們的訊息，而這些訊息則會在無意識的層面對我們產生深刻的影響。我們可能經常會感到莫名的悲傷、恐懼、憤怒，似乎在現實中很難找到觸發這一情緒的源頭，但我們就是會受到這一情緒的影響，那麼它很可能就來自系統中的其他訊息源頭。

比如在局部範圍或者世界範圍發生了一些重大的災難性事件，很多人雖然沒有親身經歷也沒有看到相關的新聞，卻能感知到災難中集體的情緒感受，甚至有些身體非常敏感的人會無緣由地深陷其中。

表觀遺傳學的研究發現，歷史上出現過重大饑荒的族群後代，天生有一種對於食物無法滿足的饑餓感，哪怕物質條件已經不會再讓他們挨餓，他們也始終會對食物的匱乏有一種天然的恐懼和焦慮。

這些訊息被存儲在我們的基因中，並在家庭系統的傳承中潛移默化地複製先人的模式或者是某些情緒感受，我們稱之為「家族的共同命運體」。這些訊息都是非個人的，都是屬於系統中的訊息，而我們個體作為接收器接收到了這些訊息，並且透過一些情緒感受甚至是行為表現出來。

如果你對於家族系統排列有興趣，想瞭解更多，可以去看我的排列導師鄭立峰老師的《家庭系統排列：重建家庭秩序，讓愛自然流動》，以及海靈格的《誰在我家：海靈格家庭系統排列》等書。

練習一：與母親的情緒能量分離

請準備一個安靜而不被打擾的空間和時間（四十分鐘），跟隨音頻的引導探索與母親的連結，在實修中體驗哪些情緒和信念是屬於母親的，哪些是屬於你自己的，有意識地感知這兩者的區別。

練習二：與父親的情緒能量分離

在實修中體驗哪些情緒和信念是屬於父親的，哪些是屬於你自己的，有意識地感知這兩者的區別。

如果是小組成員一起跟隨音頻引導做上面的兩個練習，做完後可以跟同學們分享各自的收穫與體會。

第四章　職場關係

——如何修練高情商。

被主管責罵了怎麼辦？遇到自己討厭的人就堵心？

工作總是做不完，怎麼調整？

被上司批評了怎麼辦？

被上司責罵、批評了怎麼辦？嗆回去？這樣做當下或許會很痛快，卻會留下許多後患。選擇隱忍，把一腔的怨氣都憋在肚子裡？但是這樣一來，帶著情緒的我們又如何能夠安心做事呢？

小齊大學剛畢業就應聘進一家廣告公司做設計，他的主管是一個非常嚴苛的人。他的設計稿經常被退回反復修改，而且每一次主管總會說他幾句：「現在大學生的水準就這樣嗎？」「你做的東西客戶連五塊錢都不會出！」「上個世紀的構思還在用，有點新意好嗎？」小齊敢怒不敢言，有時候只能在廁所偷偷地流淚。

時間久了，一想到要面對上司，要交設計稿，小齊的內心就無比恐懼。工作經常一拖再拖，被罵的情況更加頻繁。同事開導小齊，說上司就是這個脾氣，沒有針對他的意思，習慣就好了，可是小齊還是不知該如何面對上司。

面對這種情況，首先，我們要進行情緒急救。比如當面對上司或權威的嚴厲斥責時，大多時候我們是不能也不敢申辯或者反抗的，如果針鋒相對，就有可能招致更加猛烈的攻擊，讓自己和對方的情緒更加惡劣，這對解決事情並沒有幫助！

當憤怒的情緒升起，我們也意識到它的存在時，我們可以用舌尖在上顎畫十個圈，截住那些攻擊的語言；同時深呼吸，讓自己肩部放鬆下來，把右手的拇指和食指輕輕捏起來，集中注意力去感知兩根手指的觸碰，將自己的熊熊怒火帶到一片清涼淨地。

如果面對上司時，你感到身體緊繃，很久都沒辦法放鬆，那麼可以嘗試用一種姿勢來舒展，讓身體呈現一個「大」字，比方說可以靠在椅子上或者躺在沙發上，或者把雙手交疊在腦後，總之就是盡可能舒展我們的四肢。或許這種動作會讓我們看起來很滑稽，但是只要堅持三至五分鐘，緊繃的身體就會逐漸放鬆。我們可以透過肢體的動作影響大腦激素的分泌，從而感到更有力量。

接下來，我們可以透過前面學習的情緒管理知識，運用一些方式，先將這些情緒能量釋放出去。當情緒的颶風暫時止息之後，我們便可以開始思考為什麼會產生這樣的情緒以及它背後的根源是什麼。**情緒是一個送信員，每一封信都來自我們的內心，每一個負面情緒也許都有它的正向價值。**

通常，在被上司責罵的時候，擁有不同信念認知的人可能會衍生出不同的情緒：

一、傷心和委屈

「我已經很努力了，你怎麼看不到？」

產生這種情緒，是因為把苦勞等同於功勞，試圖用委屈來掩飾目標——我做了，但我不對結果負責。想想看，這有沒有一點自欺欺人的味道？他們習慣性「忙碌」，但卻很難看到成績；他們在小時候可能有一個「辛苦」的父母，或者習慣了被父母安排做什麼事情，缺乏屬於自己的目標和思路。

二、憤怒和難過

「我怎麼做你都不滿意，你肯定是在針對我！」

出現這種情緒的人通常是完美主義者，比起批評讓他們感到的「沒面子」，批評帶來的「挫敗感」更加令他們痛苦、飽受打擊。因為完美主義者通常自我要求很高，自律性也較好，批評所帶來的負面情緒就是讓他們認為自己不完美、不優秀，有些極端的人甚至認為上司就是在針對自己。

三、生氣和挫敗

「這不是我一個人的責任，這種後果主要是某某造成的，為什麼你不說他？」

你如果經常出現這種情緒，就要警惕自己是不是習慣性地逃避責任，這對職場人來說非常危險。沒有企業或上司願意重用一個經常推脫責任的人，因為他們聘用你就是讓你來解決問題的。如果預見或發現資源不足、支持不夠，就應及時尋求上司的幫助，而不是到了最後才「甩鍋」。

四、自責和羞愧

「我真是沒用，這點事都做不好，上司以後再也不會重用我了。」

擁有這樣情緒的人自我價值感很低，很容易陷入「事情做不好＝我不好」的認識誤區之中，經常自我攻擊，也容易極端化，放大後果的嚴重性，然而這樣的想法無論對於個人成長還是公司的利益而言都毫無益處。上司批評你目的只是希望得到更好的結果，這時與其自我貶低，不如從情緒中走出來，想一想更好達成目標的策略，完成任務，得到上司的認可。

●自我轉化訓練四大妙招

我們成年後的許多模式都在重複著幼年時期的經驗，與上司的關係呈現的是我們與權威的相處模式，最早的「權威」就是你的父親或者母親。若小時候與父母相處得輕鬆愉快，我們就不會懼怕權威；若小時候與父母相處時很緊張、有壓力，那麼那些衝突模式和常有的情緒很容易投射到現在我們與上司的關係中，形成相似的重複體驗。所以這也是自我成長的好時機，提醒自己：上司不是我的父母，我也不再是個孩子，我已經長大了，當我被批評指責時，我需要用成年人的姿態去面對。

妙招一：「意義換框法」——將消極情緒轉化為積極情緒

透過前面的情緒ABC理論學習，我們知道，情緒產生的根源是內在的想法和信念，信念不同，情緒就會不同，所以現在我們可以用「意義換框法」來轉化信念。例如，「主管挑剔我的工作，所以我感到憤怒和委屈」，其思維過程分析如下：

1. 主管挑剔我（A事件）。
2. 我認為他在針對我（B信念）。
3. 所以我感到憤怒和委屈（C情緒）。

現在我們調換一下順序，首先將情緒C調整為正向情緒，比如「積極和開心」，再把B信念放在最後，用「因為」來造句，句式如下：

「主管挑剔我（A），所以我感到積極和開心（B），因為……」然後反復思考如何將這句話補充完整，建議你找出六個以上不同的版本，接著選出一個最適合你的語句，反復默念直到你可以真實感受到積極和開心的情緒為止。

作為範例，我們列舉了二十個新的信念，你可以試著找出最符合你感覺的一個，然後讀一讀，看看和原句相比，它帶給你的感覺有什麼不一樣。

主管挑剔我（A），所以我感到積極和開心（B），因為……

1. 這讓我有所進步。
2. 我可以努力做得更好，讓他無從挑剔。
3. 這可以提升我的能力。
4. 這可以讓我學會和挑剔的人共事。
5. 這可以使我的工作更加嚴謹細緻。
6. 這可以促使我更接近成功。
7. 這可以督促我努力超越他。
8. 這可以讓我下決心離開這裡。
9. 這可以讓我未來創業更容易成功。
10. 這可以讓我有更高的效率，拿到績效獎金。

11. 這可以讓我工作更有條理。
12. 這可以讓我因此學習更多。
13. 這可以讓我學會管理自己的情緒。
14. 這說明主管器重我，對我寄予厚望。
15. 這可以讓我更容易達成我的夢想。
16. 這可以讓我更積極主動，看問題更全面。
17. 這可以讓我百煉成鋼，更優秀。
18. 這說明主管在用心培養我。
19. 這可以讓我表現得更好。
20. 這可以讓我有機會更好地理解挑剔的人。

我們可以在工作中的各方面運用同樣的方法，比如說：

1. 上司批評我，一定是我的工作還有不完善的地方，這可以使我積累更多經驗，吸取教訓，未來避免犯同樣的錯誤，使我成長和進步。
2. 上司批評我，因為上司對我寄予厚望，如果上司不重視我，可能會換人來做這份工作。

3. 上司批評我，說明我還有機會做得更好，努力證明自己優秀，告訴上司他沒有看錯人。

4. 上司批評我，因為他相信我有能力承受。他不批評別人，只批評我，說明我在他心裡是有擔當、能挑大樑的人。

5. 上司批評我，讓我有機會理解作為下屬被批評的感受。在未來，當我成為上司的時候，我可以更加理解下屬被批評時的心情，可以調整我的策略，讓下屬更加信服我。

意義換框法是NLP（神經語言程式學）改變信念的技巧中非常快速、簡便的方法，我們只需要改變語言的模式便能得到想要的結果，重新修改我們的內在信念。這個方法讓我們在面對同一件事情時，可以創造無數的意義和可能性，找出其中最能幫助自己的那一項，改變事情的價值，讓絆腳石變為我們成長的踏板，讓自己有所提升。

事件本身是客觀、中性的，因為過去我們賦予了它負面的價值，所以事件便成了負面的事件；如果我們將負面的價值轉化為正面的價值，人自然可以變得更加積極。

回憶一件最近在工作中發生且令你有情緒的事件，按下面的格式寫出來：

事件的客觀描述＋情緒感受＋信念認知

例：早上我遲到了五分鐘，主管當著所有同事的面說我沒有時間觀念，我很生氣。我認為我只是遲到這一次，並不代表我沒有時間觀念，這樣評價我顯然不公平。

然後運用意義換框法進行轉化：

事件的客觀描述＋想轉化的情緒感受＋原因

例：早上我遲到了五分鐘，主管當著所有同事的面說我沒有時間觀念，我很高興，因為這說明主管是時間管理的高手，我要向他請教提高自己時間管理能力的方法。

多寫幾個，然後觀察自己的感受有什麼變化。

妙招二：「榜樣對標法」——構想你的榜樣會怎麼做

如果我是某某（某一個你信賴或者敬佩的人），他會怎麼想、怎麼做呢？

榜樣是我們非常重要的心理資源，每個人心裡都或多或少會有一些令自己喜歡、敬佩或者崇拜的對象，他們代表著我們心中想要成為的樣子，擁有著我們渴望擁有的某些美好的特質，這意味著我們身上本身也具備這些美好的特質，只是還沒有那麼強大。

想像自己現在是那個榜樣，當他遇到這種情況，他會怎麼想、怎麼做呢？用這個人設重新審視和思考眼前的問題，我們便會擁有更多的選擇和應對策略。

比如，假設小齊的榜樣是賈伯斯，那麼他可以這樣問自己：「如果賈伯斯在剛畢業的年齡遇到這樣的情況，他會如何做呢？」他可能會想，賈伯斯執著地追求工藝和美感，上司批評他，會給他不斷精進的動力，使他精益求精地做出自己心中最完美的作品。他可能會想到，當年賈伯斯離開自己一手創立的蘋果公司，最後王者歸來，成為傳奇，這得有多好的情緒管理能力和抗壓能力！

當小齊想到這些的時候，他便有能力從自己的情緒中走出來，將更多的注意力放在創造力上。上司的挑剔和指責，不但不會讓他沮喪，反而會成為成就他做出更完美作品的重要推動力。

如果是你，你能夠在自己的榜樣身上找到什麼樣的力量呢？

設定一個你的榜樣（可以是你身邊的人也可以是虛擬人物），然後閉上眼睛，想像你的榜樣就站在你的面前，然後對他說：「我很喜歡／欣賞／崇拜你，因為……」，然後站起來走到你所設定的榜樣位置上，繼續閉上眼睛，想像你就是他，然後感受你剛才所表達的那些美好特質就在你的身上，啟動它們，用深呼吸將這些感受深深植入你的記憶。最後，感受榜樣在這種情況下會怎麼思考和行動。

妙招三：「向未來自己借力法」——思考未來的你會如何看待當前的問題

閉上眼睛，深呼吸，放鬆自己，想像你有一個神奇的魔法棒，揮動一下，它就可以帶你穿越時空，回到過去或者走向未來。現在你揮動它，讓它帶你來到三年後。

三年後，更成熟的你是什麼樣子？你在公司是什麼職位？你擁有了哪些能力和才幹？三年後的你看著現在被上司批評的你，想對你說些什麼？

未來的小齊可能會對小齊說：「小齊，我是三年後的你。你會越來越好的，別計較那麼多，這點打擊算什麼？現在抓緊時間多學一點真本事，將來當主管才更有底氣，加油！」或許這樣一想，小齊看到的會是上司對新員工迫切的期待，希望他可以快點成長，此時的嚴苛反而是一種關愛，因為當他做得更好，達到更高的位置，他才明白職場的競爭多麼激烈。如果不能快速適應職場的節奏，完成大學生向職場人士的身分轉化，那麼他有可能面臨更大的危機，相比受到批評指責，被淘汰會讓他的自信心受到更嚴重的打擊。

做完這個練習，是不是感覺好多了？

當我們受困於當下的情緒或者事件當中時，常常只能看到現在無力的自己和難以解決的困難。但人是發展變化的，小時候遇到的那些困難在現在看來或許不值一提，是小事一樁；同樣，你此刻所經歷的問題和困難對於未來更加成熟的你而言可能也只是一些小問題。那麼，為何不能求助未來的自己，發現自己本就擁有的那些處理問題的能力呢？要知道辦法永遠比問題更多。

時間是一劑良藥，用成長與流動的思維看待事物的發展與變化，往往就能發現，面對那些讓我們無法前行的阻礙，我們已擁有了更多可以跨越它們的資源。

妙招四：「逆向思考法」——思考即便上司不合情理地批評我，我可以從中收穫什麼

相信你一定可以想出更多好辦法，正向、積極地面對上司的批評。正面的批評可以點醒自己，讓自己發現錯誤，避免以後犯類似的錯誤；負面的批評也是鍛鍊自己逆商（AQ）的好時機，人受得了多大委屈，才能配得上多大的成功！有上司願意指出你的問題甚至批評你，對你中長期的職業生涯發展來看未必就是壞事。

周哈里窗重要啟示

記住：批評不等於挨罵！其實有時候我們將批評看得太嚴重，只是因為我們從內心認同了對方所評判的話語。也就是說，在你心裡也有一個聲音告訴你，這些問題都

是你身上存在，但你還沒有足夠覺知的地方。

人的目光永遠是對外審視的，若是沒有一面鏡子，你很難發現自己的髮型是否凌亂，臉上是否有汙點；若是不願低頭，你也無法看到自己的衣服是否有破洞；如果沒有別人的回饋，我們很難清楚而客觀地認識自己。他人的回饋就是一面鏡子，一面可以使你更加瞭解自己的鏡子，而「批評」只是其中的一面而已。

心理學有一個著名的概念叫作「周哈里窗（Johari Window）」，這個模型根據我們對知識的認知以及他人對我們的認知，將人際溝通分成了以下四個區域（圖6）：

1. **公開區**：自己知道、他人也知道的資訊。通常是一些公開的資訊，比如工作中的姓名、職位等。

2. **盲目區**：自己不知道、他人知道的資訊。典型的就是為人處世過程中，自己往往意識不到的情商低的表現，而跟自己相處的人更加瞭解自己。

3. **隱藏區**：自己知道、他人不知道的資訊。每個人都有一些自己的祕密、獨特經歷不希望他人知道，這無可厚非。但在職場中，需要適度打開隱藏區，讓別人感受到自己的真誠。

4. **未知區**：自己和他人都不知道的資訊。這一部分屬於資訊黑洞，我們透過某些偶然的機會或許能瞭解具體情況。

周哈里窗是一個可以幫助我們更加完整瞭解自己的模型理論，我們可以借助它完成自我認知和進化、升級的過程，以下我們還是拿小齊來舉例。

我們很容易得知小齊的姓名、年齡、性別、身高、體重、外顯的性格等訊息，這一部分他人看得到，小齊自己也很清楚自己是這樣的，這就屬於公開區，公開區的資訊是非常明確的。

盲目區是他人知道而我們自己可能沒有看到的部分，我們需要透過「鏡子」才能有所覺察，瞭解到「他人眼中的自我形象」。比如小齊在新入職場時，可能不知道自己的能力與職場要求還有一些差距，他可能會覺得「我已經很努力了」、「這已經是我可以做到最好的程度了」但是從上司的視角看，小齊還有成長的空間，這便是小齊對自我認知的盲區。當然我們並非鼓勵小齊努力活成他人眼中的樣子，但是透過他人回饋中的客觀資訊反求諸己，小齊能更清楚自己的定位和自己的成長方向。

	自己知道	自己不知道
他人知道	公開區（Arena）	盲目區（Blind Spot）
他人不知道	隱藏區（Façade）	未知區（Unknown）

圖 6　周哈里窗四區域

隱藏區域是我們極力隱藏自我的部分，可能是我們的一些隱私或我們不願與他人分享的部分。小齊內心深處可能有著深深的自卑，所以在面對上司批評時，他才會有許多敏感的情緒反應。可能在上司批評他之前，他內心對自己已經有許多的否定和自責，這也是他不願意被他人發現的部分，這源自他對自己能力的不認同。

這並不是說我們需要對外暴露我們試圖隱藏的部分，但是這個部分正指明了我們可以成長的方向，當我們可以不用極力隱藏它時，我們也便不會再被外界的人、事、物勾起內心深處的恐懼。

未知區域是存在於我們潛意識中的特質，可能是我們有待開發的潛能，也可能是我們還未發覺的陰暗面。它像是一座寶藏，蘊含著未知的自我，也代表著人無限的可能性。

所謂自我成長的過程，其實就是不斷開拓認知的界線，而接受批評就是一個不斷縮小自身盲目區域的過程。當局者迷，旁觀者清，很多時候我們對於自身存在的問題或缺陷並沒有認識，反而覺得問題並不存在。如果你抱著這樣的心態去面對批評，把批評當作成長提升的機會，必然會釋懷許多。

練習一：周哈里窗自我探索練習

在周哈里窗的四個區域中填入關於自我認知的內容：

1. 在親人、朋友、同事或伴侶中挑選三個人，請他們幫助你完成「公開區」和「盲目區」的內容。
2. 在理想自我中往往蘊含著「未知區」的許多資源，透過對理想自我的探索，完成「未知區」的內容。

公開區：	盲目區：
隱藏區：	未知區：

練習二：時間線療法

當我們陷入情緒的低谷時，不妨穿越時空回到過去或者前往未來，換個視角看問題，心情隨即會不同。

請跟隨音頻引導，探索你的過去或未來會帶給你怎麼的幫助或啟示。

工作中遇到自己討厭的人怎麼辦？

在我們生活的周圍，似乎總有一些討厭的人。如果他僅僅只是我們在大街上偶然碰到的路人甲或路人乙，那倒也無所謂，可是萬一這個討厭的傢伙恰恰是我們的同事或者是我們不得不面對的上司，那要怎麼辦才好呢？

先來看一看你為什麼會討厭他？

「他長得就讓人討厭！」

「他說話的方式和語氣很討厭！」

「他的習慣簡直讓人受不了！」

「我討厭他的性格！」

「他做事情真的很糟糕！」

……

看起來，討厭一個人的原因是多種、多樣的，不管是說話做事的風格還是與人相處的態度，甚至根本無須相處，只憑長相和感覺我們就可以決定是不是要討厭一個人。

心理學家做過一個試驗，讓幾十個陌生人進入同一個房間，每個人都憑藉自己的感覺找出自己喜歡的人、討厭的人和既不喜歡也不討厭的人，然後將選出的喜歡的人聚在一起，這時候他在其中又能找出自己討厭的人。

試驗結果顯示，大部分人在有他人作為參照的時候，都能自動分辨喜歡的人和討厭的人。看來，自動劃分與區別對待是我們大腦固有的一種思維模式。

小麗最近很鬱悶，他和一個同事相處得很不好。小麗本來是一個人緣很好的人，從不與人爭執，總是主動幫助同事，工作能力也強，一直是公司主要的培養對象。然而一個新同事的到來，讓他感到了危機。

與新同事相處一段時間後，小麗發現自己非常討厭這個新同事。在小麗看來，這個同事自私、強勢、固執而又以自我為中心。

小麗在公司這麼多年，從沒有為自己爭取過什麼利益，可是這個同事卻斤斤計較，對自己的利益分毫必爭，如果發現上司對自己工作分配有不公平的地方，一定會弄得人盡皆知。但是，這個同事業務能力很強，做事總有一股衝勁，年度業績排第一，很快被提拔到和小麗同階級。

被提拔後，這位同事常常公開否認小麗的行銷方案，經常提出一堆奇思妙想，而這些想法在小麗看來簡直就是不切實際。幾次被公開否定後，小麗忍無可忍，氣得直哭。

小麗總想息事寧人，但他的隱忍似乎並沒有換來對方的友善，這個同事傲慢無理的態度並未改變，還在上司面前指責小麗的工作太過保守，沒有創新。小麗被這個同事搞得心情很糟，每天上班都會刻意避免單獨見到他，甚至還有了離職的衝動。

小麗時常對自己說：「不要和這種人一般見識，外面也找不到現在這麼好的工作了，憑什麼我辭職？」

即使這樣，小麗的心情仍然越來越糟糕。

小麗該怎麼辦呢？

如果仔細觀察，很多人都會發現自己在不同場合或者不同的人面前有著不同的性格。這非常正常，一個人的性格確實有好多面（即不同的「子人格」的面），可以說，根本就沒有一個不變的你，只有集千百個子人格於一身的你。

認識到這一點非常關鍵，因為當你能全面意識到自己性格的各個方面時，你就可以在不同場合面對不同人時，展現你性格中最適合的一面。當你發現自己不具備面對某種場景的性格時，你也可以嘗試去發展它。

回到小麗事件，如果小麗敢於面對和這個同事的衝突，有力量守護自己的利益，這個同事或許就不敢對他如此傲慢無禮。可是小麗擁有的卻是一個討好型的人格，我們來探究一下，為什麼他會成為這樣的人呢？

小麗是家裡的長女，很小的時候，他就發現，當他乖巧安靜、聽話懂事的時候，父母會表現得特別喜歡他，嘉獎他、讚美他；而當他難受大哭或者鬧脾氣的時候，父母就會表現出心煩、討厭的情緒，甚至會責罵他。後來家中有了弟弟，父母對他的關注和喜愛也變得比原來少了一些。

小麗委屈傷心的時候，就會用任性、耍情緒來表達，希望以此獲得父母更多的關注，但是這種行為在小麗家中可能是不被讚賞的，父母會批評他：「你怎麼這麼不懂事？」「你是大的，應該要讓弟弟。」他發現，表現出這個「強勢」自我，不僅不能得到父母的愛，還可能會遭到父母的批評。而且他發現，當他表現得乖巧，用照顧弟弟去取悅父母時，他又會重新贏得父母的讚賞。

於是，他漸漸明白了「取悅他人，收斂自己」對自己有利，他也發展出人格中重要的一面——討好型。隨著他越來越多地運用「討好型」獲得父母的認可和喜歡，這個模式也便隨著他的成長固定下來，成為他的主人格。

隨著年齡增長，他不斷用「討好型」的性格特點獲得外界的資源和周圍人的肯定，於是「討好型」這個部分在他生命中就越發強大，他會在內在形成一種信念——我應該當一個友善、照顧他人的人，即便損失一部分自己的利益，也要顧全大局，避免衝突。

他越是回避衝突，就越不知道應該如何應對衝突，最終面對衝突的他會選擇回避或隱忍，可是他性格中「強勢」的自我並沒有消失，只是被他刻意地隱藏起來。

現在，當小麗碰到一個強勢的人，他會反感、討厭這個人，因為這個人身上有被他強烈排斥的性格特點。但諷刺的是，當一個人越發反感一種性格時，恰巧說明這種性格也存在於他的「自我系統」中，只是被禁止表達了。紀伯倫在他的散文詩集《沙與沫》（Sand and foam）中寫道：「當它鄙夷一張醜惡的嘴臉時，卻不知那正是自己面具中的一副。」

這個同事是小麗沒辦法取悅、討好的人，這個百試不爽的套路在同事這裡無效，所以面對這個同事時，他可以讓自己「討好型」的自我暫時退下，讓潛伏多年的強勢自我登場。

小麗需要做的是覺察自己性格中被壓抑的部分，尊重自己內在有一個自我的現實，允許它成長並發出聲音。與其壓抑討厭新同事的情緒，不如想想新同事的哪些性格造成了他的順境，自己哪些短板又限制了自己的發展，這樣小麗才能獲得新同事這種性格中所擁有的力量，而不總是選擇逃避。如果小麗能學著向這個同事學習，他的人生就會更加平衡——既關注他人，同時也敢於堅持自我，不害怕衝突，內心更有力量。

有一句諺語說「可憐之人必有可恨之處」，我想補上一句，那就是「討厭之人必有可學之處」。

那些表現出令你討厭特性的人，很可能就是被你壓抑的某一部分自我的顯化，是你性格中禁止被表達的一面。他們也極可能成為你人生中的「導師」，幫助你覺察自己性格中缺乏、被壓抑的部分；透過觀察他們如何運用這種特質適應環境，你也可以學習如何運用這種性格特質，讓自己的生活變得更加平衡。

《尚書大傳．大戰》中有一個成語叫作「愛屋及烏」，即「愛人者，兼其屋上之烏」，意思是喜歡一個人，連他家房頂的烏鴉都喜歡；而下一句是「不愛人者，及其胥餘」，意思是若不喜歡一個人，連他家的牆壁都覺得厭惡。

我想你也曾有過相同的感受吧——因為討厭一個人，連同他所有的一切都會否定。我們由著自己的情緒和喜好去判斷是非對錯，總要經歷一些人或事之後，才會逐漸學會客觀地看待他人，有取捨地接納，而那個討厭的人也不是一無是處。

我們討厭一個人，或許是害怕自己成為那樣的人。

書院有個「奇葩」員工豔子，他性格乖戾，個性很要強，風風火火，自我感覺良好，很多時候事情沒做好，分明是他自己的問題，但他從來不會承認是自己沒做好，只認定是別人的錯，會找一堆藉口和理由為自己開脫。

另一個員工小靈則相反，他個性內斂謹慎，做事情必須三思而行，一旦決定去做，就盡自己全部努力去做，倘若沒做好，他會很自責，主動承擔責任。

兩人性格正好相反，卻剛好在同一部門。小靈很不喜歡豔子，覺得他太過自大，推卸責任，從來不檢討自己，他不願自己成為這樣的人。

有一天，部門聚餐，正好聊到一個話題「什麼樣的女人會讓男人喜歡」。

小靈很沒底氣的說：「反正不是我這個類型的。」

而豔子的一番話顛覆了他的想法，豔子說：「我這種類型的就很受歡迎吧！沒有心機又有主見，性格直爽，不拐彎抹角……」

小靈完全沒想到豔子自我感覺這麼好，他覺得不可思議，忍不住問：「如果有人討厭你呢？」

豔子馬上回覆他：「那我更要活得自我，不是有句話說：『我就喜歡你看不慣我又幹不掉我的樣子。』」說完，他爽朗地大笑起來。

小靈告訴我，那是他第一次覺得自己應該向這個令自己討厭的醜子學習——自大一點又怎樣呢？未必是壞事，換個角度想，自大其實就是自信啊。

你討厭的那個人身上的品質也許就是你最需要增加的部分，那種討厭其實是一種很好的提醒。

還有一種討厭，追根究底，其實是忌妒。

單位新來了一位女同事，用元元的話來說，他就是「花瓶」。

「他什麼都不會做，報表出了什麼差錯，他總是裝可憐、博同情，然後再承諾一定會改，上司居然也就不責怪他了……」

看得出來，元元是真的很不喜歡這位女同事，同時也看得出來，元元很關注這位女同事。

有一次，元元所在的小組拿下了一個大項目，要參加客戶舉辦的一個晚宴，元元卻犯了難：他從來沒有參加過這樣的宴會，不知道自己要穿什麼衣服，要知道除了正裝，他從來只穿運動服，他也根本不會化妝。

最後，正是這個令他討厭的女同事帶他去商場，幫他選了合身的晚禮服，在洗手間幫他化了精緻的妝，還快速地教會了他一些酒宴禮儀……

元元說，那一刻他忽然明白了自己為什麼討厭那位女同事，那大概就是出於同性競爭的一種忌妒。女同事長得漂亮，懂得穿衣打扮，有愛他的男友，情商、智商很高，很善於人際交往……而這一切都是元元不具備的。

所以，我們討厭一個人，有時不過是藉著討厭的情緒來否定對方的優秀，因為內心裡我們不想承認自己不如他。討厭這份情緒常常可以讓我們突破原有的自我，創建一個更新的自我。

這個世界到底是什麼樣子與這個世界無關，而與你願意用怎樣的方式去看待它有關。

有人說，我們討厭的人是世界上的另一個自己，我很認同這樣的觀點。那個令你討厭的人的優點往往是你身上有待發現的潛質，我們之所以會討厭一個人，很可能是因為那個人便是我們無法活成的樣子。

在沒有氧氣的地方，厭氧菌就會橫行，而學習就是給氧和殺菌——從討厭模式切換到學習模式，是對待周圍事物最好的方式。有人打趣說，當你變成你所討厭的人的時候，你就更加完整了，的確如此。

最後我們來總結一下，如何面對令你討厭的人呢？可以分三步：

1. 開啟自我覺察的模式，思考為什麼這個討厭的人的某些特質如此觸動我，讓我產生這麼強烈的情緒感受？這跟我自己有怎麼樣的關聯？

2. 靜坐內省，思考對方身上有哪些特質是我沒有的？他值得我學習的是什麼？然後嘗試更新自己，就如《大學》中所言：「苟日新，日日新，又日新。」

3. 接納自己的局限，也接納他人的局限。這個世界上的每一個人都是獨一無二的，允許他成為他，也允許你成為你自己。各美其美，美美與共。

練習：投射轉化練習

練習分兩個部分，共八個步驟，可以說明我們破除因為反感他人而產生的人際障礙。完成整個練習一般需要二十分鐘以上的時間，練習的過程需要專注，需要保持與身體的感覺、內心的深層感受的連結。

一、練習準備

回憶自己和誰有溝通障礙，以及自己對這個人的負面評價。回憶相關的場景以及對方令自己反感的行為，保持對呼吸的覺察，慢下來，體會自己的心理感受和身體感覺。

二、收回投射

1. 他＿＿＿＿（具體的行為表現，即做了什麼）；在我眼裡，他是一個＿＿＿＿（相關的負面評價）的人；我感到＿＿＿＿（相關的負面情緒）。例如：他借了我的錢不按時還，在我眼裡，他是一個自私的人，我感到憤怒。
2. 我眼裡的自己，是否也有像他一樣的時候？如果有，舉一個具體的例子。例如：我眼裡的自己，也有像他一樣自私的時候，比如為了衝業績說服客戶買過多的產品。
3. 覺察自我：我在什麼狀態、內心有什麼感受時，才會有例子中那樣的表現？例如：我當時壓力很大，內心很害怕，怕業績不達標會失去晉升機會，才讓客戶買過多的產品。
4. 體會自己那樣表現時的身體、心理感受和對自己的評判。例如：我讓客戶買過多產品的時候，身體緊張，內心害怕。我覺得自己很自私，不值得被信任。

三、轉化投射

1. 換位思考：他可能在什麼狀態、內心有什麼感受時，才會有那樣的表現？例如：他可能資金緊張，很害怕，怕還了錢以後沒錢救急，所以不敢還錢。他可能真的手頭很緊，沒錢可還。
2. 提醒自己：如果我在內心判定他不好，也就會判定和他一樣的自己不好。例如：我判定他不好，不值得被信任，就也會判定自己不好，不值得被信任。
3. 我還想不想繼續責怪和反感他，同時也繼續責怪和反感我自己？為什麼？例如：我不想繼續責怪他和責怪我自己了，因為這於事無補。
4. 我是否願意靠近、瞭解他，尋找滿足雙方需求的辦法？如果願意，我準備怎麼做？例如：願意，我準備打電話給他，聽他聊聊最近的情況。

四、檢視

如果我們正確地完成了投射轉化練習，就會收回投射在他人身上的人格碎片，收回自己的資源，讓自己變得更加完整。

如何破解拖延

學員總抱怨說：「克服拖延為什麼這麼難呢？」

每天早上到辦公室後，第一件事就是玩手機，看各大社群，遲遲無法開始工作；每次準備開始閱讀或者學習才看幾頁就會分心；和人約會、吃飯，總是拖到最後一刻才開始手忙腳亂地整理，常常遲到。

到底有沒有克服拖延的高效方法呢？

其實，拖延並不是少數人的特例，假如將拖延當成一種疾病的話，按照「患病」人數來統計，拖延症估計會位列全球第一大疾病。大陸心理學平臺「Know yourself」做過一個問卷調查研究統計，資料顯示，大眾最想改變的問題就是拖延（占被調查研究者的百分之五十．四六），並且在這項調查研究中，大多數人為拖延做出改變的努力最終都以失敗而告終。

幾乎每個人都會有拖延的情況，名人也不例外。胡適先生在他的《留學日記》裡面有這一段記載：

七月四日，新打開這本日記，是為了督促自己這個學期多下點苦功，先要把手邊的莎士比亞的《亨利八世》讀完。

七月十三日，打牌。

七月十四日，打牌。

七月十五日，打牌。

七月十六日，胡適之啊胡適之，你怎麼能如此墮落？先前定下的學習計畫你都忘了嗎？子曰：「吾日三省吾身」，不能再這樣下去了。

七月十七日，打牌。

七月十八日，打牌。

大師尚且如此，是不是瞬間覺得自己的拖延症也沒那麼可怕了？

就算是專門研究拖延的心理學家也不能倖免，《拖延心理學》的作者美國心理醫生萊諾拉．袁（Lenora M. Yuen）專門研究拖延行為，自己這本書的出版時間卻比計畫截稿的日期晚了兩年。

所以拖延是普遍存在的一種心理現象，它是我們潛意識逃避機制的運作：當我們因為做某件事感到抵觸、有壓力或煩躁的時候，就可能產生拖延。拖延症是指在能夠預料後果有害的情況下，仍然把計畫要做的事情往後推遲的一種自我調節失敗行為。

人的潛意識有趨利避害的設置，許多我們在頭腦中認為很重要的事，但是完成的過程卻會讓我們感受到痛苦，我們便會本能地開始逃避接下來要去完成的事情。

或許你會發現，並非所有事情我們都會拖延。如果你有足夠的耐心去探究你拖延背後的動機，就可能會發現那些你拖延的事都有一些共同的特性，即引發你深層不適的情緒感受，比如厭煩、無聊、自我懷疑、自卑、焦慮、挫敗感、不安全感等。

拖延背後的三種防禦機制

當我們陷入拖延的時候，不同的人可能會用不同的形式去防禦對這種不適感的感受，這裡列舉三種常見的防禦機制。

一、回避：看不到就等於不存在

我們會刻意回避可能讓我們想起「重要事件」的情景，比如本該在書房完成稿件，卻坐在客廳的沙發上不停地玩手機；企劃的截止日期臨近，不是在辦公室叫外送，就是莫名其妙想去一家很遠的餐廳用餐，這其實是想在短時間內降低「未完成的重要任務」帶給我們的緊張和焦慮。

二、否認或合理化：先處理那些不重要的事

在時間管理中，我們會將每日的工作任務按照「重要」、「緊急」兩個指標來進行分類，但是拖延會讓我們傾向於先處理那些不重要、不緊急的事情，比如「開始正式工作之前先收拾一下桌子」，「上次放進購物車的商品還沒下單，先把這件事解決，我才能安心做事」……這一類事情往往零碎，但很容易完成，相比「重要而困難」的任務，完成這些事更容易獲得一種潛在的自我安慰。

三、轉移注意力：無法完成這件事，我就先完成別的事

當我們潛意識判定我們無法完成一項重要的任務時，為了不去感受隨之而來的自我攻擊和挫敗感，我們可能會傾向於做另一件事以尋求「補償」。比如作業太多寫不完，就乾脆練習彈鋼琴，這樣至少能夠完成一件事，以降低自己的焦慮和緊張。

什麼樣的人容易拖延成癮？

那麼，什麼樣的人更容易產生拖延的情況呢？

一、追求完美的人

他們認為自己必須表現得完美，否則就不被接納。所以在處理一項任務之前，他們會先做冗長的準備，所有讓任務完美達成的先決條件都必須全部準備到位。這樣拖延就不可避免，甚至永遠都在準備，一直無法開始。

我有一個朋友，他跟我一起學習做影音社群專頁，我是邊學邊做，奉行「先完成，再完美」的理念，而他是必須準備到非常好才願意開始。結果，我做了幾個月後，好幾支影片都已經紅了，粉絲數已經超過十萬，那時他才開始發第一支影片。

二、自卑的人

他們總是會拿自己和別人比較，覺得自己沒有真正的價值，自卑感讓他們做事十分消極，所以也比較容易在完成一件重要事情的過程中陷入無價值、無意義的負面感受，導致拖延。他們想得多，做得少，或者乾脆不做。

三、思慮過多的人

他們害怕生活中的任何衝突和對抗，總是擔心各種不好的狀況發生；他們不擅長應對各種消極的情緒反應，所以把任何可能引起這些不好感受的事情一再拖延。

四、缺乏目標的人

他們看著別人設立目標並實踐，自己卻找不到方向，就好像沒有目的地的小船漂泊在汪洋大海中，不知道自己要去向哪裡。這些人得過且過，混一天是一天，拖延自然也就成了常態。

五、過於忙碌的人

他們把事情安排得太滿，不給自己喘息的時間，於是通常選擇先完成簡單的任務而不是做最重要的事情。他們大部分的工作不能按時完成，於是越忙碌就越拖延。

我們很多人都深有體會：工作或是學習拖延了一週，看似過得很輕鬆，其實心情相當壓抑和焦慮，就連做自己喜歡的事情時都會有深深的負罪感，直到最後一天不得不去面對了，才想著惡補時間，通宵加班，廢寢忘食。

長期積壓的巨大工作量讓身體不堪重負，頭痛、胃痛等各種症狀接踵而至，情緒也會變得焦躁、憤怒、沮喪和充滿壓力。深受拖延影響的人，生活中總是被各種負面情緒所包圍，如果自己不能覺察，周圍的人也沒有及時給予支持和幫助，就很容易陷入身心失調的惡性循環當中。

積極克服拖延的七大步驟

那麼我們該如何克服拖延呢？具體來說，分為七大步驟：

一、識別藉口

對於拖延，幾乎每個人都有一些常用的藉口，比如：

「現在時機還不太成熟，我要等萬事俱備。」

「今天天氣真好，埋頭苦幹太可惜了，我得出去走走，等天氣不好的時候再在家裡用功。」

「今天上班太累了，現在做不是最好的狀態，不如乾脆休息好了再說吧。」

克服拖延之前，我們首先應該想一想自己常用的藉口有哪些。當你意識到這是一個藉口的時候，就能覺察到你正在拖延，然後透過當下的情緒感受去關照自己拖延表象背後真正的原因，同時便會相應地在意識層面尋求解決問題的方法。

比如你因為覺得時機不成熟而拖延，經過思考你會發現自己準備不夠充分或者是對完成任務沒有充分自信，那麼你便有了應對的策略：如果準備不充分，那我要思考怎樣才可以準備充分，我還可以為達成目標做些什麼準備；或者鼓勵自己，即便現在時機不算成熟，我也可以盡力試一試。

比如你因為覺得天氣好，想出去走走而拖延，可能是因為你此時心情比較緊張、煩悶，想讓自己放鬆一點，那麼你可以在你的計畫內安排一些娛樂活動，如上午用兩個小時工作，下午約朋友去戶外踏青。

如果確實是身體發出疲憊的信號，那你也可以調整自己的時間，不必要馬上完成全部工作，可以先完成一部分，讓自己休息一段時間後再繼續完成後面的部分，而不是一味拖延。

所以，**我們首先要做的並不是對抗拖延，責備拖延的自己，而是要看到自己正處於拖延的狀態，以及阻礙我們達成目標的情緒是什麼**。**與拖延和解，也是與你的情緒和解，不再自我評判和厭棄，**這點非常重要。

二、立即行動

透過觀察發現，我們大腦有一個非常奇怪的機制，就是當你在做一件事情之前，猶豫權衡得越多，時間越久，那麼你放棄這件事的可能性也就越大。

比如你一旦開始想「要不要開始寫作呢」，那麼最後的結果很大機率都是不會去寫，因為我們的思維經常服務於潛意識的決定，潛意識是回避痛苦、麻煩，追求輕鬆、快樂，你越是思考，大腦越會提供更多資訊讓你服務於它的需要。所以，不要試圖用跟自己講道理的方式來說服自己，而是想做什麼就直接行動。

> **想，總是問題；做，才有答案。**

就像有人問該如何建立良好的習慣，首先就是馬上開始去做。拖延的本能常常會讓我們產生不適感和抗拒情緒，克服這些感受是建立良好習慣的必經之路。需要起床的時候，不用躺在床上幫自己列舉起床的必要性，而要直接踢開被子，跳起來洗個臉就行了；寫文案的時候，先打開檔案，寫下標題和大綱，這樣自然知道如何寫下去。

三、減少干擾

拖延就好像一位潛伏者，它往往會被外界的干擾或誘惑觸發。當環境中不存在可能的誘發拖延因子時，我們更容易專注於我們的任務。因此如果你希望在工作中減少拖延，可以嘗試在工作之前關掉網路，刪掉不需要的軟體或者聊天工具；或者把辦公區跟休閒區完全隔離開，盡可能避免或者削弱環境的干擾。總而言之，就是透過各種手段營造一個更能夠讓你專心做事的環境。

四、分解目標

假設我們計畫完成一篇上萬字的工作報告，如果將寫報告當作一項任務，我們會感到很有難度和壓力。如果將寫報告分解成幾個不同的小任務，比如查閱資料、列大綱、完成正文、潤稿等，就會提升我們完成每一個小任務的信心，從而降低我們的緊張感和壓力，以及對「無法完成任務」的擔心和焦慮。如果我們繼續細分，還可以把正文部分分解為是什麼、為什麼、怎麼辦等來分別完成，這樣自然能感覺更輕鬆一點。

五、提升專注力

如果你正在完成一份企劃案，可能同時還有一些未完成的其他事情記掛在心裡，比如給朋友的生日禮物、下個月的工作計畫、未追完的某個劇等，那麼你首先要讓自己從很多的任務和災難性的想法中拉回來，高度關注眼下的工作。

解決問題較為快捷的方式就是提升你的專注度，例如洗澡的時候就專心享受熱水沖洗身體的感覺，吃飯的時候就放下手機，好好享受食物的滋味。當我們在每一個區塊的時間中都能夠全身心地投入，我們的效率自然就提高了，未完成事件自然也就少了，拖延的機率也會降低。甚至在你打遊戲、享受娛樂時間的時候，都可以全身心地投入進去，酣暢淋漓地玩，而不用帶著對未完成任務的愧疚感，這樣你也能夠在工作、學習的時候更加心無旁騖。

六、利用碎片時間

阿蘭．拉金（Alan Lakein）在《如何掌控自己的時間和生活》（*How to Get Control of Your Time and Your Life*）一書中描述了一種叫作「瑞士乳酪」的時間管理方法：在完成一個比較大的任務過程中，可以採取見縫插針的方法，善用零碎的時間，而不是被動等待很長的空檔去完成某件事情。

利用這個方法，約會的空暇時間、朋友遲到的二十分鐘、下班前的十分鐘或者是等捷運、等公車之類的閒餘時間，都可以變成任你支配的時間，這對於啟動一個計畫以及計畫啟動後保持持續性是非常重要的。

七、即時獎勵

完成任務以後，散步一下、看一場電影、品嘗一道美食或者跟朋友聚餐，這些都可以當作對自己即時行動的一種犒賞。獎勵是一種正面的激勵，它增加了你重複完成一件具有挑戰性任務的可能性。當你達成了一個目標，獎勵會讓大腦釋放多巴胺，使你感受愉悅。

如果你的行為模式可以引導你獲得更多成就的體驗，那麼多巴胺帶給你的快感就會和你的行為模式連結起來，當你再次面對任務和挑戰時，這種模式就會自動支援你去完成它們，這就是我們常說的「用成功吸引成功」。

即時給予自己完成任務的獎勵，拖延自然會離你越來越遠。

●習慣性拖延背後的深層需求

以上是從時間管理的角度、從大腦認知的層面改善拖延的方法和策略，可是在生活中，有一些拖延來自更深層的複雜心理活動，無論你如何分解任務、營造環境、激勵自己，還是會習慣性地拖延。這種情況很有可能是我們的心理動力出了狀況，這時候就需要借助一些專業的心理幫助，探索內心動力不足的原因，或者說探索拖延作為潛意識的「策略」，它滿足了你什麼樣的心理需求。

一、情緒與壓力的影響

心理學家提摩西．A．派希爾（Timothy A. Pychyl）說，拖延症是一種情緒調節問題，而不是時間管理問題。

如今，人們工作和生活的壓力普遍很大，很多人又欠缺減壓的正確方法，容易掉入「因為心情不好而拖延，因為拖延心情更不好」的死循環。應付自己的情緒都要用掉大部分的心理能量，更不用說很好地完成任務了。此時很多人會出現害怕自己沒有能力處理的情況，於是乾脆選擇拖延，其實這是壓力過大、情緒積壓太多的徵兆。

有的人甚至對於一些可以讓心情放鬆的活動項目也選擇拖延，比如朋友聚會、郊遊之類，因為人際交往也是需要耗費精力的，即便人們明白當下這些活動對自己有幫助，但無奈情緒和壓力的包袱仍讓人難以邁開步伐。這種情況下，拖延只是手段，不是真正的問題，情緒和壓力才是問題。

二、害怕成功或是害怕失敗

這可能緣於我們有一個受傷的內在小孩，這是他曾經對抗父母的一種模式。比如我們小時候完成一項任務等來的可能是父母的挑剔和指責，在我們潛意識中就留下了「完成任務可能面對著懲罰」的不良體驗，所以此時的拖延具有一些「功能」，比如讓我們晚點面對可能到來的懲罰。另外，有一些孩子從小都在完成一個又一個任務中度過自己的童年，那麼「完成」可能意味著後面有無窮無盡的任務等著他，那麼他就寧願做得慢一點，在拖延中尋求喘息的時間，這種情況下的拖延其實是對自我的保護。

三、降低預期值

這一類拖延者的背後都有一個完美主義的父母，這些父母的要求和標準被內化為孩子自己的要求和標準，所以他們期待一個超高的、不可能完成的目標。完美主義者是拖延的重災區，他們的拖延實際上是一種「自我設障」，用一些外界的因素阻礙自己可以「完美」地達成目標，這樣一來，即便結果可能不盡如人意，至少有一些「外部歸因」可以掩飾「我不夠完美」的感受，策略性的拖延也總好過全力以赴卻依然沒有達成理想結果所帶來的挫敗感。

四、自我缺失，找不到真正喜歡和想做的事情

如果一個人從小生活在被強制、操控的環境中，沒有機會發展自我意志，一切都被安排好，或者被母親「吞沒感」的窒息之愛包圍，不得不先滿足別人的需要，那麼他們就很難真正感受到來自內心的真實熱情。

他們做什麼事情都沒有動力，被人安排的事情則能拖就拖。如果是這樣，那麼首先要做的事情就是重新「尋找自我」，點亮生命的火把，這樣熱情就會順勢延伸，擴展到生命的各個方面。

我們是自我生命的主人，一旦我們知道自己要的是什麼、面對的是什麼，知道自己拖延背後真正的原因是什麼，我們就開啟了自動覺察的模式，拖延自然而然就開始慢慢離你而去。

練習：建立自己的生命日曆

畫一個表格，一共四千六百八十個格子，每一個格子代表我們生命的一週，假設我們可以活到九十歲，這張表格就代表我們所有的生命。接著，將代表過往時光的格子塗黑，在代表你未來人生中每一週的格子裡填下你在這一週最想做的事情。

生命日曆可以幫助你珍惜生命的每時每刻，並提醒你「我此刻拖延的是什麼」。

拿什麼拯救你，我的焦慮

在職場中，壓力無處不在：明天要跟上司彙報工作，自己還沒準備好；即將要參加一個重要的演講，自己還沒想好主題；年底了，業績壓力大，自己的工作離考核達標還有一大截……總之，各種焦慮撲面而來。

焦慮經常跟壓力結伴而行，但在生活中每個人焦慮的表現方式卻不太一樣。有的人在焦慮的狀態中比較容易喪失行動力，越是一大堆的任務壓著沒有做，越是沒有辦法讓自己開始行動；越是沒有行動，也就越發感到焦慮。

而有的人恰恰相反，感到焦慮的時候反而容易過度行動，變成工作狂，不休不眠，替自己增加很多不必要的工作量，導致工作遠遠超出身體和心理的承受範圍。

還有一些人焦慮的時候，容易對某些東西上癮，比如酗酒、沉迷遊戲、過度飲食或是沉溺在網路世界、脫離現實等。

面對焦慮，我們可以做些什麼呢？

其實，經常感受到焦慮是高智商的表現。二〇一五年的一項調查研究統計發現，焦慮水準高的人在智商測試中表現更好。西方臨床心理學對於焦慮和績效的研究證實，適度的焦慮可以驅使我們獲得某種動力，完成一些事情，以此達成更高的績效。實際上，能感受到焦慮的人比完全不焦慮的人更容易獲得成就。

比如我們在面對公眾演講時感到焦慮，那麼這份焦慮就會促使我們在上臺演講之前特別認真地精心準備，反復演練，從而表現更好，所以焦慮往往能夠把壓力轉化為成長的動力。另外，焦慮也可以預知危險，保護我們，幫助我們回避掉一些無法應對的危險事情，比如害怕信用卡透支後，無法繳清帳單會影響自己的信用值，我們就會提前做好財務規劃，不亂花錢。

生活中常見的焦慮有兩種：

1. 對當前的行為不滿而引發的焦慮。
2. 對整體狀態不滿而引發的焦慮。

對當前行為不滿引發的焦慮，是指當你現在特別想做某一件事情，但是達成目標又需要面對一定的困難，那麼這個時候人就會本能地感覺到麻煩而想要逃避，而逃避的結果就是產生焦慮，這些焦慮會不斷提醒我們還有未完成的事情要做。比如你下個星期有一個面試，當你感到焦慮的時候，你會怎麼做呢？

有人會去打遊戲或者找朋友吃飯，或者不停地泡在網上的各種碎片資訊中。這些行為都不能真正消解焦慮，而只是暫時轉移了注意力，讓人不去感受那份焦慮而已，屬於逃避的方式。如果我們可以靜下心把面試中可能出現的問題羅列出來，然後找家人或朋友模擬面試提問的場景，遇到一些問題的時候及時地總結和調整，這樣反復幾遍，你對面試就有了信心，焦慮自然就緩解了。

逃避的方式只會讓我們更加焦慮；只有勇敢面對，才能獲得焦慮帶給我們的成長動力。

有的朋友也許會這樣說：「我沒有逃避，我也很想面對我要完成的目標，但我還是感到非常焦慮。怎麼辦呢？」比如為了考試，你替自己定下每天要背一百個英文單字的目標，可是目標定下後，才背幾十個單字，你就開始各種拖延，越拖延就越著急。當臨近考試，看著自己距離自己的目標越來越遠，更加感到焦慮和挫敗。

其實我們每個人心裡都有一個「理想的我」和一個「現實的我」，當理想的我和現實的我之間差距太大的時候，人就會產生焦慮感。這就像我們身體中兩股對抗的能量，「理想的我」要求自己每天要背一百個英文單字，可是「現實的我」卻無法達到這樣的要求，那麼就會產生兩種結果：要麼精疲力竭地背完，獲得的成就感卻很少；要麼沒有完成目標，進而感到挫敗和自責。

那我們該怎麼辦呢？

應對行爲焦慮的目標二分法

「二分法」的目標管理法就是在設定目標和任務的時候，可以為自己的目標設置兩個完成度：一個叫作完美目標度，另一個叫作合格目標度。

比如，我們設定每天背一百個單字的目標，那麼背完六十個就可以達到合格目標度；如果背完了一百個單字，那麼就是達到完美目標度了。然後針對不同的目標度給予自己不同程度的獎勵，這樣既可以改變內心過高的期待，又有足夠的空間發揮潛能。

如果只有一個最高目標，過高的壓力很可能讓人失去信心和行動力，透過「二分法」可以轉化錨定的目標，當達到合格目標之後，我們心裡會認為自己已經達到了最基本的要求。那麼在這之後每多完成一點目標，都會增加我們的成就感，繼而使我們有持續的動力堅持下去。

當真的完成了背一百個單字的完美目標時，成就感也會隨之滿溢而來，這會讓你更加欣賞和肯定自己的能力。透過增加一個任務目標刻度，可以使我們內心增加一個心理錨定，我們的焦慮程度就會有所下降。

假設你想閱讀一本好書，如果你希望讀完三章的內容，那麼可以先設定一個合格目標。比如閱讀完第一章可以作為你的合格目標，即便你沒有讀完三章，但想到自己已經完成了讀完一章的目標，心理上也會覺得有所收穫。那麼如果你真的完成了閱讀三章的目標，那你就要慶賀自己達成了完美目標，你可以告訴自己：「我今天真是太棒了！」

如果我們將「二分法」推廣到人際關係中，我們對於他人的期待也可以發生改變。假如你期望同事是完美的，那麼可能只要他有一點點不符合你心意的表現，就都會讓你感到非常失望。但是如果你對於人際關係有一個較低的期待，則同樣的情況下，你就會發現其實他還不錯。

使用「二分法」需要注意的是，不要把合格目標設置得太低，太輕鬆就可以完成的目標缺乏挑戰性，很難讓人獲得成就感。即便是基礎的目標，也需要付出一些努力才能達成，這樣在達成之後，我們繼續付出的每一分努力才是值得鼓勵、讓我們感到自豪的。

就拿背單字來說，如果你把基礎達成目標設為三十個，而你很清楚地知道自己完全可以輕鬆背完五十個，那麼這個目標對你而言就沒有任何挑戰性，即便完成了，你也很難有獲得感。

所以，你需要先找到一個臨界點，也就是當你剛好能夠達成它時，你會覺得自己做得還不錯。這個臨界點很重要，它基本上反映了你當下能力的真實情況，只要超過了這個臨界點，每增加一點努力和付出，就都是對自己能力的提升和超越，你便可以嘉許自己，給自己足夠的獎勵，以獲得更多上升和進步的動力。

有效緩解廣泛性焦慮的三種方法

生活中第二種常見的焦慮就是對整體狀態的不滿。

這種焦慮並不指向某一件具體事情，也不是為了達成某一個具體的目標，而是一種瀰漫的焦灼感。比如雖然很不滿於現狀，卻不知道自己能夠做些什麼來改變這種境地，非常迷茫，看不到未來，看不到轉機，感覺整個人生都很被動，心理學把這種焦慮稱為「廣泛性焦慮（Generalized anxiety disorder, GAD）」。

面對廣泛性焦慮，我們可以做些什麼呢？

具體來說，我們可以透過一些疏解情緒的方式減輕焦慮的症狀，比如焦慮的時候我們可能會感覺坐立不安，很煩躁、緊張，無法放鬆。這時我們需要先看到這些表現，然後認識到我們正處於焦慮的狀態，接著讓自己安靜下來，放鬆身體，放空自己。

處於焦慮狀態的人很容易陷入過度思緒的糾纏當中，有些人會掉進一些自動化的思維模式中，開始否定自己，比如「我很差勁，我比不上其他人，我配不上我想要的東西，我害怕就這樣碌碌無為地度過一生」；或者抱怨他人，比如「這一切都是別人的錯，是命運的不公，我是因為受了別人傷害才變成今天的樣子」。總之，我們會感到非常無奈，無能為力，會認為很多事我們都無力改變。

但是你有沒有發現，這些都只是焦慮情緒帶給我們的負向思維，我們習慣反復思考那些痛苦的感受和不合理的想法，並且試圖說服自己，只要想清楚、想明白了，我們便不再焦慮，但實際上這是我們思維的一個誤區。

過度糾纏於大腦中的想法只會更加鞏固這些負向思維與焦慮情緒的連結，造成惡性循環，這對緩解焦慮毫無幫助。事實上，如果你試圖用你的大腦去對抗情緒，那必是徒勞無功的。感到焦慮的時候，我們可以試著從原先的模式中跳出來，告訴自己：

「這些感覺只是暫時的，焦慮只是暫時的。焦慮是每個人都會經歷的，這是再正常不過的事情，沒有關係，我可以接受我的焦慮，我不用急著掙脫。我可以感受這份焦慮，它是我忠實的夥伴，我知道它只是想告訴我些什麼，我也知道當我收到這些資訊的時候它就會離開。」

當我們這樣不斷地在內心與自己對話，將負向的思維方式調到一個全然關注當下情緒感受的模式，不斷重複這樣的過程，就會發現自己的焦慮能緩解很多。

不必沉浸過去，不必追究自己到底做錯了什麼，也不要試圖說服自己，只是關注自己此時此刻的情緒感受和身體的變化，然後保持這樣放空的狀態，四處走走，曬曬太陽，享受美食，聽聽音樂，做做運動或與人聊天。

接下來，我想介紹三種緩解焦慮狀態的方法。

一、玩耍

孩子天生會玩耍，我們都是從孩童的狀態成長為大人的，我們內心永遠都住著小時候的自己。自從我們變成了一個要對自己、對社會、對他人負責的成年人，我們就好像忘記了該如何玩耍，其實小時候的我們對玩耍都是無師自通的，對嗎？如果忘記了玩耍，只是沉浸在工作和欲望中，我們就喪失了對於壓力和焦慮的抵抗力。

我們可以每天拿出十分鐘釋放自己孩子的天性，允許自己當一個小孩子。對有孩子的人來說，跟自己的小孩一起玩耍是非常不錯的選擇，這樣既陪伴了孩子，享受了親子時光，又能補充心理能量，讓自己減壓。如果沒有夥伴的話，我們還可以和自己玩，比如折紙飛機、畫畫、隨性舞蹈、大聲歌唱、做手工編織、玩樂高，隨便玩什麼都可以，只是不要觸碰那些電子產品，如iPad、手機、電腦等。

二、做需要動手但不需要動腦的活動

這種活動比如收拾一下房間、洗一下浴缸、刷一下馬桶、擦一擦鏡子等。

從事一些切實並且可以立刻看到成效的活動，比如收拾完房間馬上就可以看到整潔又乾淨的效果，會讓自己特別有成就感。這些事情都屬於需要我們活動身體才能完成的事情，當我們專注於這樣一些事情的時候，焦慮感也會降低很多。

三、練習呼吸放鬆，堅持正念冥想

這是非常有效緩解焦慮的方法，對軀體症狀比較明顯的人來說尤其有效。有些人在焦慮的時候會呼吸急促、入睡困難、心跳加快等，針對這樣的狀態，簡單易行的方法就是做呼吸放鬆的訓練。

找一個安靜、舒適的地方，保證不要被人打擾，然後閉上眼睛，把注意力都集中在自己的呼吸上。一呼一吸之間在心中不斷默念「呼氣，吸氣……」將所有的意念和精神都集中在呼吸時身體變化最明顯的部位，然後感受這一呼一吸時的狀態，這就是較為簡單易行的呼吸放鬆法。

還可以找一些自己喜歡、適合自己的冥想音樂，以及說明呼吸放鬆的冥想引導詞。經常聆聽它們並且跟著引導做練習，不僅能緩解焦慮，還可以有效提升我們的專注力。

總而言之，我們需要學會和焦慮做朋友，因為它時不時就會來光顧，我們無法完全避開它，也無法將它拒之於門外。你越是抗拒，越想要將它踢出門外，它就會用越發強大的力量與你對抗。因為焦慮是我們的一部分，我們永遠無法戰勝我們自己，最多雙方打成平手，但也是兩敗俱傷。當它出現在你門前時，不妨換一種思路，打開門請它進來，它能夠來，也就一定會走。

一個人若常年處於焦慮的狀態，那麼他的身體症狀和情緒症狀也會直接影響到他的工作和人際關係。如果其已經發展成為嚴重的焦慮症，軀體的變化已經嚴重影響了我們的生活，那麼我建議及時求助專業的心理諮詢師或者相關醫院的心理醫生，請他們幫助你解決問題。

德國詩人萊納・瑪利亞・里爾克（Rainer Maria Rilke）有一句詩是這樣的：「**我們必須全力以赴，同時又不抱持任何希望，不管做什麼事，都要把它當成全世界最重要的一件事，但同時又知道這件事根本無關緊要。**」

或許這便是我們對抗焦慮的有效的方法。

練習：緩解焦慮的冥想練習

掃描QR碼參加呼吸冥想，堅持每天冥想，有效緩解焦慮情緒。

第五章　親密關係

——解決了情緒，就解決了一半的問題。

好的親密關係，讓人如置天堂；
不好的親密關係，讓人如臨地獄。
多數人不是不想愛，而是需要提升愛的能力。
兩個人發生衝突時，悶在心裡難受，
大吵一架傷人，到底怎麼溝通才有效？

女友特別情緒化，該怎麼辦？

前幾天，書院員工小曆找我談事情，我順便問了一句：「準備何時結婚啊？」他沒好氣地回答：「和誰結婚？」我吃了一驚。

小曆去年交了一個女朋友，女生很漂亮，職業、家境和小曆都很般配，兩個人甜甜蜜蜜的，怎麼就要分手了呢？

小曆和我訴苦，戀愛初期他覺得女孩很不錯，開朗活潑，非常愛小曆。可是相處久了，小曆發現女孩一個讓人無法忍受的特點——太過情緒化。

「他開心時，我怎麼都行。他不開心時，我做什麼都錯。最可怕的是，我根本不知道他什麼時候開心，做什麼讓他開心，他的情緒變化速度就像六月的天氣，一言不合就說分手，我伺候不了了啊。」

他的難受我也有所瞭解，我和這對小情侶見過兩次面。記得有一次大家一起在外面吃飯，兩人本來甜甜蜜蜜的，忽然小曆開了一句我們旁人看來無傷大雅的玩笑，女孩當場翻臉，扔下我們一大桌人揚長而去，小曆追也不是，不追也不是，場面非常尷尬。

小曆說：「女生是個好女生，只是脾氣一上來，簡直讓人受不了，動不動就吵著要分手，讓人疲憊得要死，和這樣的人過一輩子，想想就可怕。」

小曆的講述讓我想起一個朋友的遭遇。

他結婚一年多，孩子只有五個月，但他還是毅然決然離了婚。短暫的婚姻生活，他總結出七個字——一言不合就爆炸。

他老婆脾氣特別大，幫他買一件衣服，他提一點意見，轉頭就回娘家，一個月不接電話。

在高速公路上吵起來，他老婆可以衝動得直接拉開車門，跳車。

有一次婆媳爭執，他老婆拿著剪刀比著脖子，吼著：「你再說，我就刺死自己。」

他每天回家，都像到地獄，心神俱疲，讓人生無可戀。

以上兩位女性的共同性格特點都是情緒化。

一個情緒化的人就像一個出場自帶龍捲風的人，飛土揚沙，摧枯拉朽，也像一座活火山，隨時有爆發的危險，讓人害怕靠近。

情緒化到失控，是一種很可怕的事。

二〇一一年，廣東東莞，一名產婦抱著孩子出院歸家途中，與丈夫發生爭吵，突然將嬰兒從計程車拋向外面的車流。

二〇一五年，上海一個男人因為幾則訊息懷疑妻子不忠，懷恨在心，一怒之下找岳父理論，失手釀成滅門慘案。

每次看到這樣的新聞都會感覺窒息，我們經常聽一些人說：「哎呀，其實我這個人刀子嘴、豆腐心，能賺錢，能帶孩子，就是有點情緒化。」

我真想說，不要搞錯了，光是情緒化就讓人受不了了。

不要用任何事實或理由來粉飾情緒化，嚴重的情緒化和抑鬱症是一樣的，是一種心理疾病，是需要治療的。

情緒化到一定程度，情緒的暴力跟肢體暴力造成的傷害是一樣的。生活在情緒失控者的周圍，自信、愉悅和秩序都會被粗暴摧殘；伴侶每天承受驚恐、壓抑和絕望。

情緒化到底是什麼

情緒化就是一個人的心理狀態容易受外界因素干擾而波動，不能用理性控制自己的行為，在情感強烈波動的情況下，做出缺乏理智的事情。

我們在面對萬千世界的時候就是會有豐富多變的情緒，這是正常的反應，它會自動產生，因此我們可以接納並允許一個人有情緒。有豐富的情緒不是一件壞事也不是一件錯事，反而說明這個人很有趣，活得很真實，能夠對情境做出相應的反應。

情緒化之所以具有破壞力，不是因為情緒變化多而快，而是行為缺乏理性支配。換句話說，**造成傷害的不是情緒，而是順著情緒做出的行動。我們每個人都會產生很多情緒，有沒有情緒並不是問題，能不能用理性支配情緒下的行為才是問題**。

因此，我們需要討論和制止的，不是有沒有情緒，而是將情緒過多地付諸行動。比如說，你可以憤怒，憤怒是允許的，但是你不能因為憤怒而傷害他人。所以說，理性對情緒下行為的支配程度，代表著一個人的成熟程度。

在解釋了情緒化這個概念後，我們來初步分析一下情緒化產生的原因。

情緒化通常在什麼人身上表現得特別明顯？對，就是小孩。

嬰兒會透過哭聲來「控制」媽媽。在嬰兒的世界裡，當他一發出需求，就會渴求自己的想法能夠立即實現。對於一個嬰兒來說，他主要的需求就是吃喝拉撒玩，如果媽媽能夠及時回應的話，他的主要需求就能夠得到滿足。那麼對於嬰兒來說，他會覺得這個世界是可控的、是安全的，因為有了可控感、安全感的心理基礎，孩子會更容易接受現實生活中的挫折和拒絕。

如果需求沒有得到及時的回應，嬰兒就容易產生被拋棄感，覺得自己不可愛，不值得被愛，當孩子逐漸長大，這些感覺會促使他不斷尋找安全感。而戀愛會讓人的行為退化到嬰兒狀態，很多人都在用嬰兒的心理狀態談戀愛，用嬰兒的狀態要求對方以父母的方式來愛自己，就是無論我怎樣，你都可以無條件地允許、接納、包容。這種情況在女生中更常見，就是不斷試探男友是不是能做到無限包容自己，這種試探和求證方式常常表現為情緒化。

情緒化強烈的人，生理年齡增長了，心理年齡卻沒有增長，行為像嬰兒時期的表現。另外一種情況就是，這種激烈的情緒化反應背後，有心理按鈕和創傷事件，我們在前面的章節已經講過，不贅述。如果有重大創傷事件，建議尋求專業的心理諮詢師幫助，進行針對性的治療。

爲什麼女性更容易表現出情緒化

女性更容易表現出情緒化，這是和女性特有的生理及心理特點息息相關的。

從大腦看，女性具有更大的「情緒腦」，他們有面積更大的眶額皮質，而眶額皮質主要是情緒產生的區域，與我們對情緒的處理以及對環境的主觀評價等有密切關係，所以生活中女性的行為更容易被情緒左右。

除了腦結構和腦功能的差異，荷爾蒙分泌水準的差異也是使男女情緒存在差異的一個因素。女性從青春期直到更年期，荷爾蒙分泌的波動明顯大於男性，這也使女性的情緒波動比男性更大。

心理學中有一個概念叫作「情緒易感性」，指的是人感知情緒能力的強弱以及受情緒影響的程度，換句話說叫作「情緒敏感性」。有意思的是，男女感知積極情緒的程度是相似的，不同的是，女性更易感知消極情緒，他們在面對消極情緒時，反應比男性更激烈。

女性在遇到蛇、老鼠，甚至毛毛蟲，多數會尖叫著匆忙躲過；在葬禮上，你會發現女性家屬表現得會更痛苦；一段親密關係的結束，帶給女性的心理衝擊會更大。女性由於有更強的負面情緒易感性，所以是各種情緒障礙病症的好發人群，更易患上抑鬱症、社交恐懼症以及泛化性焦慮症等。

情緒化的人，該怎麼做？

我們聊了這麼多關於情緒化的原因、表現，那麼我們在生活中應該怎麼應對和化解情緒化的問題呢？

男人們，面對情緒化的伴侶請不要只是發火或者冷戰，讓「愛情的小船」說翻就翻。請多一些耐心，請看到他反復無常的情緒背後，可能是童年時沒有被父母看到的傷痛，可能是一個小女孩在渴求愛、呼喚愛，請耐心傾聽，平靜溝通，正向鼓勵，溫柔表達，幫助這個小女孩長大。

如果你是一個情緒化的女性，請不要只會生悶氣，或者期待自己只要一個眼神，伴侶就應該明白自己心裡在想什麼。你如果還想維持這段情感，請一定要重視情緒化的危害，在生活中加強對情緒化問題的化解。

首先，當發覺自己的情緒開始激動時，為了避免爆發，請先替自己的情緒做「緊急包紮」，即迅速離開現場，可以在心裡默數十下，然後深呼吸。正如一位妻子告訴我的：「一到那時候，生氣還來不及呢，什麼話順口就說什麼話。」道理誰都會說，但情緒不好的時候，的確很難冷靜下來思考，所以怎麼在氣急敗壞的情緒裡快速冷靜下來，才是最重要的。

在這裡，跟大家分享一種方法，可以用來幫助自己。這是一個心理學的小練習，叫作意象對話。簡單來講，意象對話借助具體的意象呈現案主的潛意識，讓他更好地體驗自己內心的感覺。這個練習可以幫助我們在情緒即將失控的時候，及時覺察和調整，從而快速抽離，不掉進情緒的旋渦。

找一個合適的姿勢，坐下或躺下都可以，只要是你覺得放鬆的姿勢就可以。接著閉上眼睛，讓自己靜下來，嘗試著做三次深呼吸，然後想像一片無邊無際的、藍色的大海，海上波濤洶湧，狂風大作，好像要吞沒一切。此時，你想像有一輪月亮掛在天邊，一輪明亮的圓月靜靜照著這片海，任由海翻起巨大波浪，月光始終靜靜地照著、照著……

有很多朋友在做了這個練習後都說，自己好像比以前平靜了許多，生起氣來不再沒完沒了，在一些過去肯定會鬧僵的場合，現在也不會產生這些窘境了。

做這個練習的好處就在於，你會知道你自己正在生氣或者即將生氣，你對於自己的情緒有了及時的察覺，從以前對情緒的不知不覺到當知當覺。這個練習中想像的畫面相當於映射這裡有兩個我：一個是正在發脾氣、有情緒的我，好比洶湧的海洋；另一個是察覺到自己有情緒、看著那份情緒更智慧的我，好比那一輪月亮，只要及時抽離出來，大腦的理性功能就開始甦醒，我們就不容易情緒化了。

其次，嘗試情緒言語化，就是學會識別並用語言表達自己的情緒，而不是用行動。你可以結交一、兩個知心朋友，盡量把自己的煩惱與憂愁向他們傾訴，以減輕自己的心理壓力，如果找不到合適的傾訴對象也可以寫日記記錄心情。要注意的是，小時候如果沒有人教你如何用語言表達情緒，那就要重新學習語言化。比如，「我現在覺得很生氣」是情緒語言化，「我現在覺得很委屈、很受傷」是更成熟的情緒語言化——相比意識到憤怒，意識到委屈和受傷是更深層次的。

最後，完全平靜下來，探尋自己情緒背後的問題。閉上眼睛，問問自己，為什麼會有情緒？這種情緒是什麼？它觸碰到了我的什麼心理按鈕？我的內在小孩想表達什麼？他需要什麼？我現在該如何關愛他？我可以為他做些什麼？這裡可以參照第三章的內容多做相關的練習。

我想對容易陷入情緒化的女孩們說，請把你們向外指責的手伸回來，多看內心，找到情緒化的根源，並勇敢面對它。告訴內心那個無助的小女孩，我已經長大，我有足夠的力量，我值得被愛，無須向外求證。

女孩們，穩定的情緒是你們內心的錨，只有情緒穩定了，感情才能穩定，一切才能平穩向前。

人生既短暫又漫長，要成為一個成熟穩定的人，找到一個成熟穩定的人，才能風雨並肩、相互扶持，這樣才能走得更遠。

練習：學習情緒的語言

需求得到滿足時的情緒：

興奮、喜悅、欣喜、甜蜜、感激、感動、樂觀、自信、開心、高興、愉快、幸福、平靜、自在、舒適、放鬆、振作、陶醉、精力充沛、興高采烈、踏實、振奮、放心、滿足、安全、喜出望外、開心、欣慰、溫暖、無憂無慮、心曠神怡。

需求未得到滿足時的情緒：

害怕、擔心、焦慮、憂慮、憂傷、沮喪、灰心、氣餒、惱怒、憤怒、煩惱、苦惱、不高興、失望、困惑、茫然、震驚、麻木、筋疲力盡、萎靡不振、沉重、慚愧、內疚、妒忌、尷尬、著急、洩氣、生氣、寂寞、遺憾、緊張、絕望、厭煩、孤獨、疲憊不堪、不舒服、傷感、不滿、心神不寧、心煩意亂、鬱悶、淒涼、昏昏欲睡、難過、悲觀、不耐煩、無精打采、不快、悲傷。

請最少寫出十個你經常體驗到的情緒，以及你伴侶經常表現出來的情緒。

如何在親密關係中恰當表達憤怒

我的學員小霞和小峰是一對相戀三年的情侶，小霞性格內向，不擅表達，在一些生活習慣的磨合中對小峰有些不滿，卻不知道該如何溝通和表達，經常將一些情緒悶在心裡，但時間久了心裡就會有無名火，冷不丁便會出口傷人，搞得兩人不歡而散。

這是大多數人在親密關係中的體驗：先是忍受，感覺好像有一堵無形的牆阻隔兩人之間的親密感。忍不住的時候情緒就會爆發，長期積累的怨氣常常會讓對方無所適從，或者讓對方感覺小題大做、無理取鬧；嚴重的時候會爆發激烈的爭吵，互相攻擊，如果頻繁這樣，則會讓相互的感情被消磨殆盡。

如果吵到最後還是無法達成共識，很多人便會選擇逃避——不去面對問題，關閉心門、拒絕溝通，不表達內心真實的想法；或者用合理化的方式說服自己相信關係本來就是這樣，如「婚姻是愛情的墳墓」、「愛情就像泡沫，美麗卻易破」、「所有的婚姻都是這樣的」等，對於情感關係採取消極的態度。還有很多人會一頭栽進工作或者與趣愛好，藉此轉移注意力，這也會令關係走向冷漠和疏遠。

伴侶間該如何合理表達憤怒，既不傷感情又能讓對方瞭解自己的心情呢？

舉個例子，在你生日的那天，期待收到男友的禮物，結果他居然忘了這天是你生日，什麼也沒送，你的內心充滿了各種憤怒和難過的情緒，你該如何恰當表達呢？

一、陳述客觀事實，不加主觀判斷

什麼叫陳述客觀事實？

「昨天是我的生日，沒有收到你的禮物。」

這就是事實，它像鏡子一樣，反映真實發生的事情。

那什麼叫主觀判斷？

「昨天是我的生日，你居然連禮物都沒送，完全忘了這個事。」

「居然」以及「完全忘了」這都是主觀判斷。

二、表達自己的感受，不評判對方也不評判自己

什麼叫評判對方呢？比如小霞對小峰這樣說：

「你為什麼就記不住我的生日？把我追到手就不珍惜了吧？我就知道你們男人就

這個樣子！」

「你根本就不在乎我！」

「你一點都不愛我！」

這些語言就是評判對方。帶有個人主觀判斷的評價常常糅合了許多非理性成分，這些評價的焦點在於對對方的行為甚至人格層面具有很強的攻擊性。當對方感到自尊和人格遭受了攻擊，就會激起他的自我防禦：有的人會否定，為自己爭辯；有的人會反擊，找出對方的弱點進行攻擊。最後兩個人誰也無法說服誰，在對與錯之間爭得頭破血流，你插我一刀，我踹你一腳，一來二去，爭吵不斷加劇，硝煙彌漫。

在這樣的爭吵下，幾乎沒有人可以倖免衝動。相愛的人對彼此的熟悉往往超過旁人，所以深知對方的弱點和軟肋，當在爭吵中失去理智，就會想著如何更深地傷害對方，就像歌中所唱的那樣「我最深愛的人傷我卻是最深」，本該最親密的兩個人往往因此滋生怨恨，甚至關係破裂難以修復。

1. 什麼是「不評判自己」呢？

比如小霞這樣說：「你為什麼連我的生日都記不住？是不是因為我長得不漂亮，學歷也不夠高，配不上你？我就知道你嫌棄我。我就是個沒人愛的可憐蟲！」說著，眼淚就掉了下來。

其實小霞可以冷靜下來仔細想一想，他所表述的這些內容，真的是事實嗎？「連我的生日都記不住」就代表他一點都不在乎我，這個推論是真實的嗎？從「我長得不漂亮，學歷也不夠高」就能推斷出我配不上他，這個推斷，又是真實的嗎？你真的是「沒人愛的可憐蟲」嗎？

你是否質疑過大腦裡這些此起彼伏、紛亂無緒的念頭？如果你沒有質疑過、核實過，那麼只憑自己主觀推測就相信這樣的評判一定是正確的，這對自己公平嗎？對你的伴侶公平嗎？

我問小霞，關於對方忘記你的生日，有沒有其他一些可能的原因呢？比如真的記錯了日子，或者最近特別忙，工作壓力很大，忘了；或者他最近手頭不太寬裕，想著省一點是一點；或者他心情不好沒辦法顧及。既然有這麼多可能性，為什麼不先核實再作出判斷呢？為什麼要預先設定一個令自己受傷的情節呢？如果連你自己都不相信自己是值得被愛的，又怎能會相信別人對你的愛呢？

所以我們需要學會如何區分「感受」與「評判」，多表達自己的感受，而不是主觀評判。

2. 什麼是表達感受呢？

如果小霞這樣說：「昨天是我的生日，沒有收到你的禮物，看你是忘了，我覺得很傷心。」

「我很期待你送我一份生日禮物，可是你卻忘了，我覺得好難受。」

這樣的語言就是在表達感受，表達的焦點不在於指責和批判對方，而是客觀地描述事實，然後回歸自我，表達內心真實的情感。這樣就不容易激起對方的防禦和對抗，還會將對方關注的焦點拉回你的身上，讓他有機會思考為什麼你會有這樣的情緒。

三、學會釐清「感受」與「評判」，學會使用表達感受的詞彙

我們來練習一下，以下句子哪些是表達感受（I feel），哪些是表達評判（I think）的？

A. 我覺得你不負責任。

B. 我覺得他是個忘恩負義的人。

C. 我覺得你很焦慮。

D. 我覺得他不在乎我。

先自己動腦筋做判斷，然後再往下看答案。

選項C是感受，選項A、B、D是評判。除了選項C，其他都是在表達評判，你答對了嗎？那麼究竟什麼才是「感受」呢？感受與評判的區別又是什麼？

簡單來講，感受是內心的某種體驗，通常會以情緒的方式顯化出來，而評判是頭腦中產生的思想和認知，通常表現為二元化，會有好壞對錯、高低貴賤之分。

感受源自心，評判出自腦。感受又可以分為正面感受和負面感受，現在我們來羅列一些表達感受的詞彙：

- **正面感受**：快樂、開心、平靜、愉悅、舒服、自在、滿足、欣慰、振奮、安全、踏實等。
- **負面感受**：害怕、擔心、焦慮、憂鬱、緊張、絕望、傷感、煩惱、苦悶、茫然、震驚、沉重、厭煩、孤獨、疲憊、累、忌妒、尷尬等。

對於大部分人而言，感受到憤怒是容易的，但看見和承認悲傷並不容易，因為這往往意味著要承認自己的傷口和脆弱，往往會帶來不安全感。如果我們分享這種脆弱和委屈，可能會擔心別人因此看不起自己，覺得自己不夠好。

而憤怒作為一種防禦姿態，由自己指向他人，保護了我們的脆弱和委屈，卻也阻止了其他人走進我們的內心。有時候偽裝得太深了，連自己都找不到生氣背後真正的緣由，但是**通往親密關係的必經之路，恰恰是分享脆弱！**

人與人之間深層的連結常常不是透過分享喜悅，而是悲傷！當你有情緒時，真實地表達自己內心的感覺，勇敢地分享脆弱，反而會讓親密關係更加緊密而深入。

四、學會提出具體可行的期待，而不是籠統的要求

無效的溝通往往會表現為透過吵架、人身攻擊、道德審判、翻舊帳，從痛貶對方的口舌之快裡找到安全感和優越感。如果你想做到有效的溝通，首先從明確你的期待開始。

你想要的是什麼？

「我想要丈夫對我好。」

這太籠統了！怎樣才叫對你好？對方需要具體做些什麼才會讓你認為是對你好？

「我想要他關心我。」

也太籠統了！重點是，對方要做到什麼才會讓你感覺他是關心你的？

你需要學會向對方提出具體的期待。

「我希望你在我生日時，買一束花給我，這樣我就能感覺到你對我的好。」

「我希望你今後一定記得我的生日，給我一個祝福，這樣我會覺得你心裡有我。」

這才是具體的、具備可操作性的要求。

我們總以為對方如果愛我，就應該知道我心裡怎麼想，就應該知道我說的是什麼意思。而事實上，愛你和對方知道你心裡怎麼想完全是兩碼事，對方沒有猜的義務，而你有告知的責任。

我們來做一個有趣的練習，將以下要求籠統的句子，修改成有具體期待的句子。

A. 你能不能有上進心一點？

B. 我希望你關心我。

C. 你就不能多關心一下孩子？

參考答案（答案不唯一，僅供參考）如下：

A. 親愛的，我希望你晚上陪我一起看看書，多學一點知識。

B. 親愛的，我希望你能幫我分擔一點家事，我一個人做這些太累了。

C. 你週末能在家多陪陪孩子嗎？或者帶他出去散散步？

總結一下，在親密關係裡，我們如何恰當地表達憤怒呢？我們來學習薩提爾家庭治療裡的「一致性溝通」模式。

案例：老公經常很晚回家，讓我很生氣，我要怎麼表達呢？

1. 陳述客觀事實：「○○，當我看到（聽到）你……的時候」，一定要客觀講出「鏡子」語言，是什麼就說什麼，沒有形容詞，沒有主觀評判。例如「老公，當我看到你連續三天晚上十二點回家的時候……」

2. 表達情緒感受：「我的情緒感受是……」，感受是內在的情緒和感覺，不是評判也不是觀點和道理，例如：「我的情緒感受是焦慮、擔心和憤怒。」

3. 表達觀點想法：「我之所以有這個感受，是因為……」，這一句是在詮釋這些情緒背後你的想法和觀點是什麼，讓對方更清楚地知道你為什麼會有這些情緒，你是怎麼想的。例如：「我之所以有這些感受，是因為我覺得你是不是不想跟我在一起？你是不是不愛這個家？你是不是在逃避我？」

4. 跟對方核對，聽聽對方的想法：「我想知道你是怎麼想的」，聆聽對方的想法。

5. 表達期待和渴望：「我希望……我的期待是……我想要的是……」，期待通常是具體、行為層面的，而渴望是抽象的、精神層面的。例如：「我的期待是你每週有三天可以早點回家陪我，我的渴望是被關愛，被重視。」

我們把這段話完整地表達出來，就是這樣：「老公，當我看到你連續三天晚上十二點回家的時候，我的情緒感受是非常焦慮、擔心還有憤怒。我之所以有這些感受，是因為我不知道你安不安全，會不會出什麼事。還有，我在想你是不是不想跟我在一起，你是不是不愛這個家，你是不是在逃避我，我想跟你確認和溝通一下。我的期待是你每週有三天可以早點回家陪我，這樣我會感覺被關愛、被重視。」

這樣是不是既避免了吵架、生悶氣，又如實表達了自己內心的真實想法，給了彼此溝通交流的機會？有人會說，可是我做不到呀，當我有情緒時，怎麼可能這麼心平氣和地說話和溝通呢？

所以，有效溝通的前提是——充分地處理好了情緒。在情緒激烈的狀態下根本不可能好好溝通，你得先運用前面三章所講的方法和技巧穩定自己的情緒，再與對方溝通，至於你提出的期待，對方願不願意滿足，是否能夠做到，並不在我們的掌控之中。結果會受到許多因素的影響，你可以期待，但不能強求。

每一個人都不是為滿足另一個人的期待而存在的，如果對方能做到，那你需要感恩，因為那不是他一定要做的；如果對方做不到，我們要看看是否要調整期待。如果這個期待對你而言非常重要，而對方又確實滿足不了，那你得問問自己，是否願意為了這段關係和這個人，放下或降低期待，或者想辦法自己滿足自己。

每一份負面情緒的背後，都藏著一個未被滿足的期待。我們要先看到這個期待，然後正視這個期待，不要讓這些情緒和期待破壞了來之不易的親密關係。

我們要學習表達憤怒，而不是憤怒地表達！

練習：表達憤怒

回想與伴侶之間曾經發生的一件事情或存在的一個問題，這事情或問題令你生氣或有不滿情緒，但一直沒有機會認真地表達出來。

運用本節的「一致性溝通」模式五步話術，將自己的情緒完整地表述出來。

夫妻總在瑣事上有分歧，怎麼化解這些矛盾

夫妻關係可以說是所有家庭關係中穩定係數最低，難度係數最高的關係，因此需要特殊對待，「刻意經營」。大到孩子的教育理念，家裡買房買車的規劃，小到牙膏是從中間擠還是後面擠，早餐是應該吃飯還是吃麵包，家事由誰來做、孩子誰帶，兩個人都可能會有分歧和矛盾。

資料顯示，夫妻離婚理由中排名第一的並不是家暴、出軌，而是家庭瑣事！當婚姻的新鮮感和激情褪去，只剩下現實的柴米油鹽醬醋茶，這些瑣事成了婚姻生活的「主角」，消磨了夫妻間的耐心與容忍，分歧和矛盾積重難返，最終導致夫妻關係分崩離析。

有一對結婚八年夫妻，總為生活中的一些小事情爭吵。比如，丈夫是一個「急先鋒」，而妻子卻是一個「慢郎中」；丈夫喜歡吃鹹的，妻子喜歡吃清淡的；丈夫喜歡旅

遊，爬一整天的山精神依舊很好，而妻子爬到半山腰就疲憊不堪想回頭；丈夫認為在家就應該隨意和讓自己感覺舒服，可是妻子就喜歡把家弄得乾乾淨淨，所以看到先生東西亂丟、亂放，就會生氣，指責丈夫不珍惜他打掃家裡的辛苦。

前不久，妻子提出離婚，原因是之前他出差三天，一身疲憊回到家卻澈底崩潰——廚房裡堆著沒洗的碗筷，茶几上堆著吃剩的泡麵碗，垃圾桶的垃圾已經滿出來。

他花了兩小時把家裡收拾了一遍，當他最後打開洗衣機時，發現洗衣機裡的衣服還是他出差當天洗完的，當時他提醒丈夫記得曬衣服，可是丈夫卻忘了。

看著洗衣機裡的衣服，他委屈地號啕大哭，對一直在打遊戲的丈夫說：「我受不了了，我要離婚！」

有人說，為了這一點芝麻小事鬧離婚，太矯情了。婚姻生活中的瑣碎，說出來可能真的是很矯情，可咽下去的確很辣嗓子。讓伴侶感到難受的從來都不是山高路遠，而是鞋裡進了一粒粒的沙子，還要艱難前行！

在我的婚戀課堂中，總有人會問這個問題：「夫妻之間該如何消除衝突和矛盾？」當一個人這樣提問的時候，是以兩個假設為前提的：

1. 好的婚姻關係中應該是沒有衝突和問題的。
2. 婚姻中的矛盾衝突是可以消除的。

那接下來的這段話要劃重點了！美國心理學專家約翰．高特曼（John Gottman）博士透過實證調查研究發現，即使是非常幸福的夫妻，他們的婚姻中依然有69％的問題是無解的。也就是說，夫妻間很多矛盾是必然存在的，並且這些問題沒有完美的解決方案。

婚姻再幸福，一生中也會有至少兩百次離婚的念頭和五十次想掐死對方的想法，聽起來是不是讓人覺得很「喪」？

那麼夫妻關係就沒救了嗎？難道婚姻就真的成了「愛情的墳墓」嗎？研究者對於那些幸福夫妻進行長年的跟蹤調查，發現他們同樣面臨著那69％無法解決的問題，他們不是沒有差異，他們只是沒有讓這些差異成為問題，懂得跟這些差異和平共存。

化解衝突的祕訣，不是要消除差異，而是要與差異共存。

那麼要如何做呢？

一、接受彼此是不同的

不要指望對方跟你完全一樣，這是做夢。你無法讓對方變得跟你完全一樣，你要接受你們有相同點，也有很多的不同。**夫妻關係不會因為兩個人的不同而出現問題，卻會因為雙方不能夠接受這些不同而出現問題**。把自己的意願強加給對方，希望改造對方，這樣的行為才會破壞關係，因為這意味著「吞噬」和「抹殺」另一個人的「自我」。

我們經常聽到分手的伴侶講到沒辦法繼續在一起的原因時，會說四個字：「性格不合」，好像找到性格合拍的人就可以幸福一生一樣！現實生活中，根本沒有性格完全合拍的兩個人存在，就算兩個人性情相投，契合度很高，依然不可避免會有衝突，而且還不小。為什麼呢？因為導致兩個人有不同的原因太多了。

首先，男女大不同。男人和女人本身的差異性就非常大，世界知名兩性研究專家約翰．格瑞（John Gray）寫了一本書叫《男人來自火星，女人來自金星》，書裡講到了男女之間存在的各種差異。這本書令很多夫妻恍然大悟，開始意識到，原來我完全不瞭解睡在我旁邊的這個人，我們的差異居然這麼大！

其次，先天氣質的差異。每個人的性格不同，有的人內向，有的人外向；有的人以關係為導向，焦點在人，有的人以目標為導向，焦點在事；有的人敏感而脆弱，有的人遲鈍而開朗；有人慢，有人急。你想想，若不能彼此尊重和接受，兩個性格不一的人每天生活在一起，得有多少衝突？

再次，最要命的是，除了前面的兩大鴻溝外，夫妻兩人各自的原生家庭環境不同而使他們的認知、人生觀、價值觀也是不同的。網路上流傳著一個小故事：「你喜歡吃西餐，我喜歡吃路邊攤，這不是三觀不合；你喜歡吃西餐，我說你做作，我喜歡吃路邊攤，你說我沒品味，這才是三觀不合。」

英國哲學家博特蘭・羅素（Bertrand Russell）說：「參差多態是幸福的本源（To be without some of the things you want is an indispensable part of happiness）。」夫妻間存在差異是常態，相同才是非常態，好的關係就是尊重對方與自己的差異，「君子和而不同」。

夫妻關係的第一大「殺手」就是堅持「我是對的」。多數堅持「我是對的」的人寧可輸掉一段關係，寧可讓這段關係支離破碎也不願放棄自己的立場。而實質上，**在親密關係中，從來沒有一輸一贏，要麼雙輸，要麼雙贏。堅持「我是對的」的人，贏了對錯，輸了關係。**

關係比對錯更重要！每當我們跟對方有不同的想法或觀點的時候，要告訴自己「你也對，我也對，只是我們角度不一樣」，看在關係的份上能夠給自己和對方一份寬容，不去改造對方，不去證明自己。薩提爾認為，人們因為相同而有所連結，因為相異而有所成長，用儒家的話來說就是求同存異。

二、發生衝突時充分溝通，學會區分表面立場和深層需求

比如，夫妻兩人搶一個橘子，如果老公不讓給妻子，那麼妻子可能就會生氣。妻子如果可以停下來問一問自己，我為什麼會因為一個橘子生氣，我的情緒是什麼，這些情緒意味著自己什麼需要未被滿足，那麼很有可能發現，原來自己真正想要的不是橘子，而是丈夫可以讓著自己的行為，會讓他感受到自己是被愛的，被疼惜和被照顧的。

丈夫可能沒有因為一個橘子而有這樣的想法與需求，也許丈夫只是簡單地想吃橘子。那麼有沒有其他的方法可以讓丈夫來表達對自己的疼惜和照顧呢？說不定你只是讓丈夫替你倒一杯熱水就能感受到了，那麼搶橘子帶來的矛盾自然也就化解開了。

在這個例子裡，兩個人的表面立場都是想要這個橘子，但是如果夫妻可以花一些時間去溝通彼此的深層需求，就會出現或許丈夫只是想吃橘子，而妻子的深層需求是被關愛——當我們透過表面立場看到背後的深層需求，有些矛盾和衝突自然就化解了。

有一位女士的丈夫很喜歡釣魚，每個週末都會出去釣一整天的魚，而他和孩子則很希望丈夫能夠在家陪伴他們。因此他們常常為釣魚這件事吵架，最後丈夫想了一個折衷的辦法，他帶著妻子和孩子一起去釣魚，本以為事情就可以這樣完美地解決了，結果現實和理想相差甚遠。

孩子在釣魚的地方大喊大叫，東跑西跑，一刻也安靜不下來；妻子希望丈夫陪自

己說說話，但丈夫說不要講話，講話會導致魚不容易上鉤，於是妻子坐在那裡百無聊賴，備感無趣。

後來在家庭諮詢中，我問這位妻子：「如果你的丈夫不去釣魚，那麼你希望他在家做些什麼呢？」

妻子說：「他本來因為工作忙，在家的時間就很少，現在每週都要跑去釣一天的魚，就更沒辦法陪伴我和孩子了。」

「其實你並不是反對他釣魚，只是希望他能夠多陪你和孩子，對嗎？」我問他。

「是的。」妻子回答道。

「如果可以既不用犧牲丈夫的愛好，同時又能滿足你的期待，你願意接受嗎？」

「當然可以，我也不是那麼不通情達理的人。」妻子此刻表現得非常善解人意。

我又問丈夫：「假如你的妻子允許你每週去釣魚，但是為了表示你對他和孩子的關心與重視，你願意做些什麼嗎？有什麼是你可以承諾做到的？」

「我每個月可以抽出一天時間帶妻子和孩子出去玩，做他們喜歡的事情。」丈夫想了想，說道。

「如果可以，我還希望你每週至少可以回來吃兩次晚飯。」妻子趁機提出了自己的要求。

「如果你不反對我週末去釣魚，這兩點我可以答應。」於是這個家庭的矛盾和衝突就這樣化解了，皆大歡喜。

我們習慣在行為層面堅持己見，固執地要求對方做某件事，其實並不是對這件事的執著，我們只是希望透過這件事情滿足自己內在的深層需求。過於聚焦某一件事本身的時候，反而忘了真正的需求，「一葉障目，不見泰山」。當我們跳出來，可以看到原來通往目標的途徑不止一條，那麼我們便很容易找到「雙贏」的方案。

探尋深層需求的溝通方法如下：

1. 先傾聽

A先說我為什麼想要這樣，我是怎麼想的，我的深層需求是什麼，然後B扮演記者提問：「我剛才聽到你的意思是……你需要的是……我聽對了百分之多少。」A不斷複述，直到感覺B聽懂了90％左右，角色互換，由B來說，A當記者去聽和問。

2. 合力尋求雙贏

(1) 腦內風暴，雙方分別寫下所有能想到的解決方案。

(2) 雙方各選出兩個自己認為可行且願意配合的解決方案。

(3) 接著從選出的四個方案裡探討最佳執行方案。

三、反求諸己，自我滿足

或許在我們探索深層需求時最終發現，對方的確沒有能力滿足我們這些期待。比如，在丈夫的原生家庭是以丈夫為中心的環境，所以丈夫沒有養成與他人分享的習慣，那麼當他看到有一個橘子的時候，自然就會想到先滿足自己而忽略了妻子的需求。

那麼對於妻子來說，如果真的很想吃橘子，是否可以向丈夫提出要求，一人一半分了這個橘子，或者要求丈夫下樓再買一袋橘子上來，再不然，自己去水果攤買一筐橘子回來吃個夠。不管怎樣，橘子都不應該成為引發家庭戰爭的導火線，畢竟因為一個橘子傷害了關係真的得不償失。

學會自我滿足，就是對情緒的自我負責！

四、聚焦當下，就事論事，不翻舊帳

我經常在課後接待一些夫妻諮詢者，兩個人你一言我一語，從當下一件很小的事情牽扯出很多陳年往事。我提醒他們：「你們是為了什麼事來諮詢」，他們一臉茫然，已經忘了最初的事情。

當我們陷入是非對錯中時，大腦會盡力搜尋支持自己正確的一切論據打敗對方，一旦陷入這樣的對抗，那麼矛盾基本上就很難化解了。所以夫妻面對衝突和矛盾，重要的是聚焦當下，就事論事，一事一議，避免矛盾升級和擴大。

總結一下本節內容：接受差異，尋求雙贏，自我負責，一事一議。其實，**愛一個人和能與一個人和諧生活在一起，是兩件事。我們不是缺少愛，而是缺少愛的能力；衝突客觀存在，但我們可以不斷提升化解衝突的能力。**

練習：雙向溝通

最好夫妻兩人一起做這個練習，或者組員間兩個人一組，一人扮演丈夫，一人扮演妻子，進行雙向溝通練習。

一、請找到一件夫妻間有衝突的事，按照本節中所講的探尋深層需求的方式進行溝通練習。例如：妻子想讓丈夫陪伴去西藏旅行，而丈夫不願意去。

1. 丈夫傾聽。妻子說：「我為什麼會想要去西藏旅行，我是怎麼想的……我的深層需求是……」
2. 丈夫扮演記者發問並確認：「我剛才聽到的你的意思是……」「你需

要的是……」，並向妻子核對聽對了百分之多少。

3. 妻子聽完後不斷複述和補充，直到感覺丈夫聽懂了90%左右。

4. 角色互換，丈夫說：「我不想去的原因是……我的擔心是……我的深層需求是……」

5. 妻子扮演記者去聽和重複，並確認：「我剛才聽到的意思是……」「你需要的是……」，並核對聽對了百分之多少。

6. 雙方在紙上分別寫下所有能想到的解決方案。

7. 雙方各選出兩個自己認為可行且願意配合的解決方案。

8. 在選出的四個方案裡探討最佳執行方案，最終達成共識。

二、分享在這次練習中各自的學習與收穫。

第六章　親子關係

——父母情緒佳，孩子問題少。

父母內心是愛孩子的，但讓孩子感受到愛才是關鍵，

懂比愛更重要！

孩子有情緒，會發脾氣，究竟怎麼引導才有效呢？

陪孩子寫作業的正確方式是什麼？

溫和而堅定的媽媽是如何修練而成的？

孩子有情緒，父母該如何應對

有一次和朋友去一家環境優雅的餐廳吃飯，看見一位年輕媽媽帶著一個三歲左右的孩子走進來坐下，孩子可能因為餓了、累了，情緒不太好，他看到旁邊桌上有小籠包，立馬叫起來：「媽媽，我要吃包子，我要吃包子！」孩子的聲音很大，還伴著哭聲，一瞬間整個餐廳都是他叫喊的聲音，其他桌的客人紛紛轉過頭來瞧著他。

我在想這位媽媽會怎麼處理，是大聲地制止還是直接給孩子點一籠包子？沒想到這位媽媽不慌不忙，跟兒子玩起了假裝吃飯的遊戲。他說：「寶寶要吃包子，你看這裡就有一個大包子，包子怎麼吃呢？先拿起一個咬一口，好燙，吹一吹再咬一口，太好吃了！寶寶吃一個，給媽媽吃一個。」一邊說還一邊形象地配合著動作，剛剛還急得扭成一團的小寶寶立馬就笑了，這個孩子很開心地跟媽媽玩起了假裝吃包子的遊戲，直到他們桌上的菜上來，這個孩子都沒有再吵鬧過。

我坐在旁邊一邊欣賞這位媽媽的做法，一邊思考，他做對了什麼呢？首先他遵循了孩子有情緒時是無法講道理的規律，先處理情緒再處理問題；其次，利用孩子愛幻想的天性，透過遊戲的方式滿足了孩子想吃包子的訴求，安撫了孩子的情緒。

四種錯誤的應對方式

在生活中，父母們幾乎每天都要和孩子的情緒過招，孩子鬧情緒的時候，作為父母，你的反應是以下哪一種呢？

1. 利誘。這類父母會說：「別哭了，媽媽帶你去買冰吃。」「只要你不發脾氣，爸爸就帶你去動物園。」「你再這個樣子我就不讓你出去玩了。」
2. 威逼。這類父母會說：「你這個樣子不像個男孩子，很丟臉。」「哭什麼哭，再哭就打你一頓，自己做錯了事還耍脾氣，欠揍！」
3. 冷漠。這類父母會說：「回你自己的房間去，等你不生氣了再出來。」「要哭你就哭個夠吧，哭夠了你再來找我！」
4. 講道理。這類父母不理會孩子的情緒，自顧自喋喋不休地嘮叨：「你要懂事，聽到了沒有？跟你講了多少次，你就是不聽！媽媽像你這麼大的時候，已經很會照顧自己了……」「你看，你從來都不體諒爸爸、媽媽，我們在你身上花了多少心血……」

面對孩子的情緒，你會有哪種反應？或者兼而有之？

第一種模式：交換型的父母

交換型的父母認為負面情緒是有害的，他們不希望孩子停留在這種狀態中。所以每當孩子哭鬧或者發脾氣的時候，父母總是第一時間想辦法找一些東西轉移孩子的注意力，努力把孩子的情緒修復好。

這種反應方式容易忽略孩子深層次的需求——孩子需要被瞭解和慰藉。如果你是一個交換型的父母，那麼你的孩子可能會對自己的感受產生懷疑，孩子會疑惑：「我的感覺這麼糟糕，為什麼父母從來都不覺得呢？」長此以往，孩子會不信任自己內在的感覺。

交換型的父母打斷了孩子體驗情緒的過程，快速地轉移他的注意力，企圖用一些「好處」引導孩子從糟糕的情緒中抽離出來，這並不是一種共情、對孩子成長有利的互動模式，孩子成年後也很容易用「過度補償」的方式逃避負面情緒帶來的糟糕體驗。

第二種模式：懲罰型的父母

懲罰型父母認為孩子的情緒表達只不過是為了撒嬌，或者是想達到自己的某種目的，這類父母往往認為如果不責罵或者懲罰孩子，及時制止孩子的這種表達，就會失去對孩子的控制，會助長孩子的不良習慣，養出「熊孩子」。

他們會非常簡單粗暴地用一種懲罰的方式阻止孩子負面情緒的表達，而受到懲罰的孩子則會認為表達自己的情緒可能會帶來責罰，甚至被拋棄，他們憎恨自己的情緒又感到無可奈何，缺乏安全感，長大之後面對人生的挑戰時也會表現出能力不足，缺乏自信，嚴重破壞孩子的自我價值感。

第三種模式：冷漠型的父母

冷漠型父母面對孩子負面情緒出現時的表現，既不否定也不責罵，他們會讓孩子去旁邊待著，或者任由孩子處理自己的情緒。這類父母認為，我不干涉你，這樣我作為父母的責任就已經完成了。

孩子因為沒有受到父母積極的引導，很可能任由情緒肆意發展，做出不良的反應。比如，一個憤怒的孩子可能會變得更有侵略性，用傷害別人的方式來發洩情緒；一個傷心的孩子會哭鬧很長時間，卻不知道如何安撫自己。

這對孩子而言可能是十分痛苦的，他們感到恐慌，好像掉進一個情緒的黑洞，卻不知道應該如何逃出來，有的孩子甚至用自殘的方式以身體的痛苦來掩蓋內心的痛苦，而在生命中最能夠支持他的爸爸、媽媽，卻沒有給他任何幫助或指導。

第四種模式：說教型的父母

這類型的父母在我們身邊非常普遍，他們認為孩子只要明白了道理，負面情緒就會自動消失，所以他們常常熱衷於滔滔不絕地講各種大道理。與冷漠型的父母一樣，說教型的父母不懂得如何幫助孩子在體驗情緒的過程中學習、成長，孩子會感到孤單和無助，需要獨自面對負面情緒帶來的痛苦，無力感會更加強烈。而家長的喋喋不休，不僅沒有幫助，反而讓孩子更痛苦，在已有的負面情緒之上又多了一些不耐煩甚至憤怒，從而導致親子關係更加惡劣！

以上四種方式是我們傳統處理孩子情緒所常用的方法，這些顯然都不利於孩子的情商發展，更不是行而有效的情緒管理方法。那麼我們應該如何應對孩子的情緒呢？

處理情緒四步法：接受、分享、肯定與策劃

舉一個例子，當孩子回家悶悶不樂，傷心流淚時，你從老師那裡得知孩子參加學校的合唱團選拔落選了，他準備了很長時間，你也對他抱以期望，可是現在他的好朋友選上了，而他卻落選了，作為家長你知道孩子現在特別難過，我們要怎樣幫助孩子走出這種情緒的困境？

第一步：接受

接受孩子在這樣的情境下會有這樣的情緒。具體的做法是，你可以直接描述你觀察到的情境，詢問孩子的感受。比如當你看到孩子臉上流露出來的悲傷和掛在臉上的淚痕，你可以說：「寶貝，我看到你很傷心的樣子，可以告訴我發生了什麼事情嗎？」或者說：「你看起來不太高興，是發生了什麼事情嗎？」

接受孩子的情緒就意味著向孩子表達我注意到你的情緒了，並且我願意接受你的情緒和有情緒的你。父母需要明白，孩子產生情緒一定是有原因的，其實不管是對孩子還是大人，情緒都不會無緣無故地「造訪」。

雖然在父母的眼裡可能是一些非常微不足道的事情，但是在孩子幼小的心靈世界可能是天大的事，我們不能以一個成人的角度去看待孩子所面臨的問題，嘗試讓自己站在孩子的角度，可以更加容易理解和接受孩子當下所處的情緒！

父母需要注意的是，有時候我們詢問孩子為什麼會傷心，孩子未必能夠準確地回答，但是無論他怎樣回答，在這一刻你都需要對他的感受有所尊重。

第二步：分享

分享的原則就是先處理情緒，後處理事情，具體的做法是幫助孩子捕捉內心的情緒感受。有的孩子年齡比較小，他們對於情緒的認識還不多，也沒有足夠的詞彙和適當的語言描述自己的情緒，讓他們準確地表達內心的感受其實是比較困難的，而這就需要父母在平時說明孩子有意識地訓練，你可以提供一些情緒的詞彙幫助孩子描述在那個場景中可能經歷的情緒感受。

父母應該幫助孩子學會把無形的情緒感受轉換成一些可以被語言定義且清晰、可理解的情緒詞語，比如恐慌或是不舒服的感覺，讓他們能夠精準地描述內心的情緒感受。比如上面的例子，你可以對孩子說：「你因為沒有被合唱團選上，所以感到很沮喪，是嗎？」或者是說：「你會因為朋友選上了而自己沒有選上，認為自己沒有朋友優秀，對自己感到失望和懊惱嗎？」

你看這些都是父母在幫助孩子定義他的那份情緒，只要孩子越能夠精確地用語言表達感受，那麼這份情緒對他的影響就越小，這是教會孩子把情緒用語言表達出來。

在這個過程中我們需要注意的是，如果孩子急於表達事情本身的內容，你可以溫柔地把孩子引導回對情緒的描述，比如你可以告訴他：「原來是因為這樣，所以你不開心，可以告訴我現在你心裡的感覺是怎麼樣的嗎？」「難怪你會有這樣的反應，告訴媽媽，現在你心裡覺得如何？」

我們需要**有意識地將孩子帶回情緒和感受的部分，讓他有機會充分地表達情緒和感受，而不是直接問他發生了什麼事，誰對誰錯，然後在是非對錯上和孩子做許多的評判。**

孩子需要一些時間充分地體驗和表達他們的情緒感受，這需要父母非常有耐心。當孩子努力地說出自己的情緒時，不要打斷他，也不要評判，鼓勵他繼續說下去。孩子充分地表達情緒後，我們可以明顯地感覺到孩子的面部表情、身體語言、說話的速度、語調和語氣都開始慢慢變得舒緩，當我們觀察到孩子的情緒已經慢慢平靜下來，再繼續讓他說出事情的前因後果，比如參加合唱團選拔的整個過程，這就叫作「先處理情緒，後處理問題」。

第三步：肯定

父母可以給予孩子一些肯定，透過肯定與孩子共情。

1. 肯定他的動機

有時候孩子雖然做錯了事，或者某些行為導致了不好的結果，但他的動機和初心是好的。比如孩子自己倒水，結果把水杯摔破了；孩子想自己添飯，卻把飯都弄到了地上；孩子想自己穿衣服，可是穿了半個小時也沒有穿好等。

此時有些父母會否定孩子的全部，甚至因為糟糕的結果而情緒失控。你可以對孩子說：「媽媽知道你是想自己做好這件事，努力成為一個大人，你會這樣想媽媽覺得你很棒！」「媽媽覺得你去參加合唱團的選拔賽是一件很勇敢的事情，而且這麼在意比賽成績，說明你很有上進心，這點特別好。」

2. 肯定可以肯定的部分

找到孩子做事過程中值得肯定的部分，例如：「我看到你一直很認真地在練習和準備，雖然沒被選上，但媽媽覺得你很認真、很勇敢，是非常棒的行為。」

3. 站在孩子的角度去肯定

實在找不到可以肯定的地方，那麼你可以試著站在一個孩子的角度，理解孩子當下所處的境況，比如可以說：「媽媽可以理解你，媽媽像你這麼小的時候也常常會遇到這樣的情況。」

在肯定的同時還要「設範」——就是對孩子的行為設立規範。父母可以幫孩子劃定一個明確的範圍界限，哪些是可以理解和接受的，哪些是不合適和不能接受的。比如，有的孩子受挫之後可能會打人、罵人或者摔東西，父母在瞭解了這些行為背後的情緒，並且幫助孩子描述感受之後，父母要做的是讓孩子明白：「我可以接受你的情緒，但是你要為自己的情緒所導致的行為承擔責任。」

情緒是被允許的，情緒也是真實的，但是因為情緒而引發的某些不合適行為是不可以被容忍的，父母需要把這兩個部分分開處理。比如剛才這個案例，你可以對孩子說：「寶貝，你沒有被合唱團選上，感覺很難過，媽媽非常明白你的這種感受，但是你不吃飯、不睡覺影響身體，生悶氣是不能解決問題的。」「你忌妒好朋友選上合唱團，這很正常，媽媽也能理解你的這種感受，但是你不理他會讓他很傷心，你也不願意因此失去一個好朋友，對嗎？」在引導中請允許孩子保留他們的尊嚴和權利，當孩子清楚了設定的規範又明白了自己的選擇權時，他們便會自動規避一些錯誤的行為。

當父母在表達設立規範的時候，需要讓孩子清楚，雖然父母不喜歡、不允許你的某種行為發生，但是並不影響你在父母心中的位置，**你這個人父母是接納的，你的行為並不影響父母對你的愛，但是一些錯誤的行為是父母不允許、不接受的。**

我們接納有情緒的孩子，就算孩子犯了錯，我們也無條件地愛孩子，把這份愛和溫暖傳達給孩子，但同時讓他知道，為自己的錯誤行為負責並且承擔後果。並不是說犯了錯誤，孩子就會失去父母的愛，父母的愛在那裡，但同時規則也在那裡，愛與規則同在！

第四步：策劃

幫助孩子處理好情緒後，便可以開始解決問題了。父母可以用啟發式的提問讓孩子從這件事中學會更好的處理方式，比如假設下次再碰到這樣的事情，如何面對和處理會更好；或者詢問孩子需要父母做些什麼可以更好地幫他處理或面對這些問題。

至此，父母便可以開始啟發孩子去「策劃」一些具體的行動，如何避免不如意的情況再次發生，下次再遇到相同的情況可以如何處理。比如父母可以用提問的方式來引導孩子：「如果下次再參加合唱團的選拔，你可以比這一次做得更好的是什麼？」「我們可以積極、多做一些什麼樣的準備呢？」

類似的啟發式提問我們還可以用在各個方面，比如「如果考試的時候感覺緊張，那麼做什麼就發現沒那麼緊張了呢？」「現在你和好朋友有一些誤會，那麼可以做些什麼讓他不那麼生氣了呢？」

如果喜歡的東西弄不見了，孩子難免會號啕大哭，傷心不已，而這也是父母對孩子做情緒教育非常好的機會。

孩子對於時間和金錢的價值是沒有概念的，一件只花了幾十塊錢（人民幣）買回來的玩具可能是他最心愛的，一旦摔碎了，他的悲傷不亞於一個成年人失去了價值數萬元東西的感受。可是大人往往不明白這一點，常常對於哭鬧的孩子說：「壞了就壞了，反正也不值錢，明天爸爸再買個新的給你。」

結果，孩子哭得更傷心了，因為孩子認為父母一點都不理解他內心那種痛苦的感受！既然孩子因為摔壞的東西而哭泣，那就說明在孩子的眼裡，這件玩具對他來說是非常重要的，父母這時應該先肯定和接受孩子的情緒，比如可以說：「我看到你這麼傷心一定是因為你非常喜歡這件玩具，坐到媽媽身邊，跟我說說你現在的感覺。」

在引導孩子說出內心的情緒感受之後，父母可以及時給予孩子一些必要的解釋，幫助他們明白一些道理，比如可以說：「世界上有很多美好的東西都是會有離別的一天的，因此我們和這些美好的事物在一起的時候就要好好地珍惜，享受它帶給我們的每一個美好的時刻。」

但請記住，在分享這些道理之前先引導孩子接納情緒和分享情緒，**只有處理好情緒，我們所講的道理才真正能為孩子所接受。**

父母就是孩子學習情緒管理最好的老師，孩子常常無意識地模仿父母，父母能夠做好情緒管理就是為孩子樹立了榜樣。

父母成長1%，孩子成長百分之百！父母的成長能真正給予孩子愛與支持。

練習：搞定「神獸」有妙招

1. 兩人一組，分別扮演父母與孩子的角色，找到一個生活中的親子互動場景，如「孩子考試沒考好，非常沮喪」，運用本節講述的處理情緒四步法進行溝通，做兩輪練習。
2. 兩人一起分享，自己分別扮演這兩個角色的體驗與收穫。
3. 多找幾個場景做幾輪練習後，與孩子真實互動，相互分享互動的體會。

如何當一個情緒穩定的媽媽

許多媽媽都有過這樣令人抓狂的經歷：

「看到孩子一邊吃飯一邊玩玩具，就想把那個玩具扔了。」

「穿個鞋子拖拖拉拉，忍不住要大聲吼他。」

「每次陪孩子寫功課，真的忍不住想抽他。」

每當讀到這樣的留言，我都能感受到文字背後傳遞過來的煩躁與焦慮，可想而知媽媽們的情緒會有多麼糟糕。

許多媽媽會說：「我知道不應該打孩子、罵孩子，不應該跟孩子發脾氣，但是我就是忍不住。心情好的時候，孩子吵翻天都可以完全不計較；心情低落的時候，孩子犯一點小錯就會火冒三丈。吼完、罵完後再看著孩子怯生生的小眼神，又會產生許多自責，為什麼自己就不能當一個春風化雨般溫柔的媽媽？」

現代女性很不容易，不少職場媽媽「蠟燭兩頭燒」，上班應對工作壓力，回家應對婆媳關係，還要忍受孩子爸爸甩手掌櫃的不管不顧。全職媽媽看似壓力輕鬆一些，但全天照看孩子也並不是一件容易的事情，煩瑣的家務讓人不勝其煩，孩子的撫養和教育更需要媽媽們費盡心思，肩上擔負著對家人的責任，卻往往被冠以「家庭主婦」身分而忽視了媽媽們為家庭所付出的辛勞。很多人認為，全職媽媽做這一切不都是理所當然嗎？這種不被認可、不被看見的苦楚，也給媽媽們帶來了巨大的精神壓力。

疲憊、壓抑、煩躁、委屈、憤怒這些情緒都需要有個出口，如果我們沒有足夠的智慧去覺察自己的狀態，媽媽們很容易無意識間把自己的氣藉故撒在孩子身上。人都會對自己犯的錯誤心存僥倖，認為「孩子小，不記仇」、「我是他媽媽，他離不開我」、「我不是也是這樣長大的嗎」。

可是，時代變了，環境變了，孩子也變了，情緒穩定的媽媽對孩子的成長至關重要！孩子建立安全感是透過和媽媽一次次的互動逐漸形成的，情緒穩定的媽媽可以讓孩子感受到「我是被允許的，我是安全的，世界是安全的」。孩子有了這種安全的感覺，即便是獨處也能夠感受到愛和安全。無論面臨怎樣的困難，也相信自己一定可以克服，這是孩子一生的寶藏。

父親負責家庭的風景，母親負責家庭的氣候；**父親用行動影響孩子，母親用情緒影響孩子**。和情緒不穩定的媽媽朝夕相處，孩子容易養成膽小敏感的性格，時時被不安全感包圍的孩子常常會問「媽媽你喜歡我嗎」，孩子的聽話懂事、努力迎合好像都是為了討媽媽的歡心。媽媽不發脾氣的時候，孩子情緒雖然明顯高漲很多，但依然會處處小心翼翼。

如何當一個情緒穩定的媽媽？

我們常常會聽到：「當個情緒穩定的媽媽，要溫柔而堅定！」雖然很多媽媽都明白這個道理，但知易行難。

每次教育孩子過程中產生的負面情緒，往往是我們處理孩子問題不順利的情況下產生的副產品，但是很多父母卻被情緒控制，認為這些負面情緒是解決問題的方法：遇到孩子不聽話的情況就發火、責罵甚至懲罰，以為這種方式可以對孩子造成威懾，從而達到讓孩子聽話的目的，其實這不但不能從根本上解決問題，還會破壞親子關係，造成孩子更多的抵觸、抗拒和不配合的惡性循環。

所以要想從根本上解決孩子的問題，首先要解決的是家長的情緒問題。

三步冷卻快要噴發的火山

情緒是可以調節的，第一章我們學習過大腦的運作模式，便可以利用這種模式，學會一些新的應對情緒方式。

孩子又惹你不高興了，憤怒的火山馬上要噴發了，該怎麼辦？

第一步：停止即將做出的任何行為，給自己一個真空期，舒緩怒火

當感覺到責罵的話已經到了嘴邊時，想要爭吵、責罵或者因為難過想要哭泣的時候，深呼吸幾次，起身倒杯水，從十一倒數到一，這一系列動作可以將你從那個即將爆發的情緒中抽離，幫助自己先度過生理反應期，也給自己新腦一些時間工作，恢復理智。

第二步：覺察自我

找一個空間讓自己獨處，整理思緒，反問自己發火的根源到底是什麼，比如可以採取記錄的方式，讓情緒變得「看得見」。當你拿起筆記錄的時候，一開始可能會寫得很亂，「我真的非常生氣，孩子又不認真寫作業，拖拖拉拉……」慢慢可能會寫到「上週老師都叫我去學校兩次了，我感覺十分煩躁……」

很多當下爆發的情緒，可能都是因為過去事情的積累，需要我們找到二者的關聯，從當下的情緒感受回想到過去發生的事情，這就完成了我們從爬蟲腦過渡到情緒腦模式的過程，因為爬蟲腦只有當下的條件反射，而情緒腦會將我們帶到過去。

第三步：及時溝通，清晰地表達感受

注意就事論事，不要嘮叨和抱怨，比如：「你怎麼總是這個樣子」、「我提醒你多少次了」等。為了避免陷入指責和評判，表達時多用「我」開頭，而不是「你」開頭，比如將「你太不聽話了」改為「我覺得很生氣」，還可以和孩子分享脆弱，表達「媽媽今天很累，心情不好，對你發脾氣了，請你原諒。」如此，我們和孩子彼此學會表達自己的心聲，學會傾聽對方的感受。

當我們進入新腦模式，我們就開始能夠思考真正的解決方案。

愛自己，當一個心理營養足夠的媽媽

有人說，這些方法對自己都無效，即便看了很多書、上了不少課，但在生活中只要遇到孩子調皮搗蛋，就控制不住情緒爆發。

我建議，你除了需要處理當下積壓的情緒，還需要做更深的情緒探索，是否孩子的行為觸碰了你的心理按鈕。許多情境下情緒失控的根源，是內心一些還未癒合的傷口，一些未被填滿的黑洞。

有的媽媽看見孩子不愛表演就發脾氣，或許是因為害怕自己沒面子；有的媽媽不

容許孩子有一點違逆自己，或許是因為自己安全感不足，所以更想控制。

去看一看原生家庭，想一想是否有未完成的心理情結，在自己的成長過程中，是否有創傷事件。看看自己內在小孩是否一直有自卑感、匱乏感、孤獨感……孩子的一個無心的舉動，可能碰觸了這些心理按鈕，讓你情緒失控。

一個心理營養缺失的人，首先表現為情緒不穩定，所以當一個情緒穩定的媽媽，非常需要注意一個關鍵點——給自己心理營養，因此需要學會先愛自己——自我接納，肯定自己、尊重自己，把自己放到重要的位置，而不是家庭排序的末位。

ＩＦＡ國際芳香療法治療師金韻蓉老師寫過一本書《先斟滿自己的杯子》，他在書中寫道：「不要再等待別人來斟滿自己的杯子，也不要一味地無私奉獻。如果我們能先將自己面前的杯子斟滿，心滿意足地快樂了，自然就能將快樂分享給周圍的人，也能快樂地接受別人的給予。」

雖然許多人都會告訴你要愛你自己，你也經常這樣對自己說，可是真正能做到的人只是寥寥。

愛自己的核心是自我接納，那麼如何自我接納呢？

一、接納自己的情緒

透過對本書的學習，我們對自己的情緒有了更客觀、更多元化的認識，知道情緒是我們忠實的朋友，是一份很好的提醒，是一份禮物，接納當下所產生的情緒，充分地體驗它，然後將它轉化成為我們的資源。

二、接納有情緒的自己

每個人都會有情緒，情緒只是我的一部分，或者是我當下的一種狀態，所以接納正處於這種狀態的自己，不對有情緒的自己產生評判、自我攻擊，而是擁抱自己、理解自己，這是自我接納更深一層的表現。

三、接納自己如實如是的狀態，但不放棄成長

生活時刻都處於變化之中，我們有感覺良好的時候也有感覺糟糕的時候，而如實如是地接納自己的任何狀態，也是愛自己的表現。但接納自己不代表我們要故步自封，積極改變自己，讓自己的狀態更平和、更穩定、更喜悅，是一種對自己愛的升級。但這種進步不是強迫性的，而是當接納自己如實如是的狀態後油然而生的。**只有當你允許自己不用做任何改變也可以時，改變才會發生，這才是無條件地接納的真諦。**

四、接納自己會犯錯，並願意弄清楚犯錯的原因

人非聖賢，孰能無過。做得好的時候，我們很容易接納自己，可是犯錯的時候，我們是否能夠正視自己的錯誤，不逃避、不自我攻擊，告訴自己「我是可以犯錯的？」然後客觀地分析犯錯的原因，總結規律和經驗？

有些人以為接納「犯錯」就是包庇縱容自己，其實不然，接納「犯錯」包括接納犯錯帶給我們的後果，並願意主動承擔，積極尋找犯錯的原因，從中獲得進步。

那麼回到現實生活中，我們可以具體做些什麼來愛自己呢？

1. 寫覺察日記

注意力是我們非常寶貴的資源，你將注意力放在哪裡，你便能在哪裡收穫。曾子曰：「吾日三省吾身。」我們可以用文字客觀記錄自己內在發生的活動，對一整天的經歷進行回顧，堅持下來你會驚奇地發現，原來當時我是這樣想的，原來自己處於那樣的狀態，覺察而非評判，久而久之，你對自己更加瞭解，也懂得如何滿足自己的需要。

2. 將「外在行為」與「我」分開

任何行為都不完全代表這個人本身，我不是我的「情緒」，同樣我也不是我的「行

為」。我們常常自我譴責、自我批評，是因為我們將我們的「行為」等同於「我」，我們可以將「我錯了」換成「我做錯了一件事」，「我是個失敗的人」換成「我在這次嘗試上失敗了」，「我真懶惰」換成「我這幾天想多休息一下」，「我很無能」換成「我在某些事情上能力不足」。

3. 學會拒絕

這裡的拒絕不僅僅指拒絕那些侵害你個人空間或利益的行為，更是指拒絕那些你生命中可能會拖累你的人或事，比如一份無意義的工作、消耗你精力的人際關係、超出你能力範圍的欲望。生命要花費在美好的人和事上，高品質的生命需要一份熱情與專注，學會拒絕無法帶給你任何價值的人或事物，但是可以讓自己活得更輕盈。

4. 適當的時候要「示弱」

大海能夠容納百川，是因為海處於更低的位置，擁有更龐大的容量。人也是一樣，適當地學會「示弱」，反而是內心強大自信的表現。老子說：「知其雄，守其雌，為天下谿。」比如虛心求教，他人會更願意與你分享經驗；請人幫忙，放低姿態更容易獲得支持。「示弱」是一種智慧，更是一種自我滋養的良方。

5. 不做違背良知的事

王陽明的《致良知》中有言：「無善無惡心之體，有善有惡意之動，知善知惡是良知，為善去惡是格物。」如果一個人做了違背良知的事，內心便會產生內疚、羞愧等非常消極的情緒，甚至會激發心理的防禦機制，將這些情緒壓抑到潛意識中，無形中消耗我們的生命能量，所以保持良知，不做違心事，也是我們愛自己重要的方式。

6. 創造心流體驗

積極心理學奠基人米哈里・契克森米哈伊（Mihaly Csikszentmihalyi）提出「心流」的概念，心流是指人們在專注於某些行為時所表現出的一種特殊心理狀態。

在這種狀態中，人會表現出極高的創造力，並會獲得高度的愉悅和充實的感覺。你是否也有過類似的體驗？當你專注於非常感興趣的事，好像都忘記時間的流動，而心流的體驗會極大提升人的幸福感和價值感。

我們可以透過一些方式讓自己主動進入心流體驗，而其中非常重要的兩個條件：專注力和興趣度。媽媽可以找到自己感興趣的事情，給自己專屬的時間沉浸於其中，充分地體驗心流帶來的美好感覺，用這樣的方式滋養自己。

墨子說：「愛人不外己，己在所愛之中。」愛別人並不把自己排除在外，在我們愛的名單中，要把自己放在重要的位置。**我們無法給予別人我們自己都沒有的東西，自愛，是一切愛的源頭**。若愛是一個圓，那圓心就是你自己，一個不愛自己的人也無法真正愛別人。

你首先是你自己，其次才是孩子的媽媽與丈夫的妻子。當媽媽開始注意自我提升，才不會過度關注孩子，從孩子身上尋找價值感、成就感，也才能真正給予孩子充足的空間去發展他們自己。

願你能成為這樣一個媽媽，雌雄同體，陰陽合一，溫柔而有力量！

練習：我愛我

掃描ＱＲ碼聆聽「愛自己的宣言」的冥想音頻，並與小組成員一起分享，你平時是如何為自己賦能的，大家一起補充愛自己的行動清單，然後選擇可以去做的，每月至少做一件事。

如何調節輔導孩子寫作業時，所產生的情緒

90％的家長可能都曾經有過陪孩子寫作業的經歷，陪孩子寫作業已成為大多數父母主要的「家務」之一。很多家庭因為寫作業發生過親子矛盾，於是就有了那句話：「不寫作業，母慈子孝；一寫作業，雞飛狗跳。」

我們來看看家長陪孩子寫作業的目的是什麼？

1. 為了幫孩子養成好的學習習慣。
2. 引導孩子獨立、自主地學習。
3. 陪寫作業也是一種親子陪伴的活動。

那我們不禁要問：親子時光怎麼就變成了親子關係的「大殺手」？

我見過不少父母是這樣陪孩子寫作業的：

1. 陪寫作業時，家長專心致志、一絲不苟，而孩子每寫一筆、每做一題，都會深深地觸動著他們的神經。

「頭抬高一點。」

「用橡皮擦擦不要那麼大力，會把本子擦破。」

「寫慢一點，別寫到格子外面！」

家長不停地嘮叨，孩子的注意力不斷被打斷，更重要的是，在長期的監控下，孩子會習慣了「我是為家長而讀書、學習」，從而難以形成自主學習。

2. 陪寫作業時，希望孩子是「神童」，學什麼會什麼，做什麼全都對。

「這幾個字有點歪，重寫一遍。」

「這題這麼簡單，怎麼還會錯？」

「這個筆畫沒有凸出來，怎麼抄也會抄錯？」

孩子學習也是一種成長，是一個探索和試錯的過程，從寫不好到寫漂亮，從做不對到全都會，需要一個過程。家長要給予孩子時間，否則孩子在不斷打壓中學習，反而會喪失自信，厭惡學習。

3. 陪寫作業時，很容易情緒化，動不動就「河東獅吼」。有的家長連五秒鐘的耐心都沒有，從和風細雨開始，到大吼大叫結束。

「十五分鐘你才寫了兩題，拖拖拉拉的！肚子餓，就給我忍著！」

「講了兩遍，還搞不清楚？腦袋裡面都裝什麼？」

「你這是在寫什麼呀？擦掉重寫！」

家長的負面情緒會傳遞給孩子，很多孩子在父母極度憤怒的時候，他的腦海裡是一片空白的，內心充滿憤怒、委屈、沮喪、挫敗、恐懼……研究表明消極情緒會增加大腦負擔，降低學習效率，因此家長越是情緒化，孩子學習效果越差。

以上三種陪孩子寫作業的方式，是很難達到陪孩子寫作業的目的的。

你的情緒失控，眞的是孩子引起的嗎？

家長為什麼看到孩子這樣就會情緒失控呢？我認為有以下四個原因。

一、我罵你不是因為我不愛你，我罵你，是因為我自己無法管理好情緒

輔導孩子寫作業時，因為講了幾遍，孩子都沒有聽懂，這時家長內心的聲音就是：「我吼你，不是因為你笨，是因為我覺得自己很無能，這麼簡單的題目我都講不清楚，沒辦法教會你，我感到很失敗，對自己很失望。」

家長的憤怒和無助，總得要有一個出口。這個情緒表面上是孩子引發的，所以就會自然地轉移到孩子身上發洩出來，這就是家長吼孩子的第一種解讀。

不是因為孩子笨，是因為家長的這種解題方式，孩子聽不懂。

不是因為孩子不認真，是家長給了孩子太多壓力，孩子無法接受。

不是因為這個題目太簡單，是家長沒辦法理解，同樣的一題在家長和孩子眼裡，難度是完全不一樣的。

二、我吼你，是因為我感到很難受、很委屈，這種感受太痛苦，我需要找個出口

媽媽A非常愛自己的孩子，生了孩子之後，開始當全職媽媽。每天為了孩子吃什麼、穿什麼、玩什麼，費盡心思，平時對孩子也很溫和很有耐心。但有一種情形會讓他立刻爆炸，甚至動手——那就是當孩子寫作業遇到困難，開始哭的時候。

「這麼簡單的題目你都不會，我真想賞你一巴掌。」

「就只知道玩，就只知道要買玩具，你把這題寫完啊。哭，哭，只會哭！」

「再哭我就把你趕出去外面，別再哭了！」

媽媽B平時很疼愛孩子，就像是含在嘴裡怕化了的糖，但是一到孩子寫作業時，看到孩子露出那種不自信、畏畏縮縮的表情，他就會瞬間情緒失控，甚至會動手打孩子。打完之後，又後悔又自責，所以這個媽媽每天就在重複「打人↓後悔↓自責↓平靜

↓再打人」的循環。

媽媽A小的時候，有很多次當他想要哭的時候，不能哭，只能含著眼淚、悶著聲音把委屈和害怕生生地吞進去。

在媽媽B的童年記憶裡同樣有一個揮之不去的場景，那就是寫作業時，爸爸對他拳打腳踢的樣子，他越害怕、越退縮，爸爸打得越凶。

如果在我們的童年經歷中，有未曾被看見、未曾被接納、不被重視的情緒，這些情緒一直儲存在身體裡，遇到場景相似的時候，這些情緒就會像怪物一樣，無法控制地冒出來。當它們冒出來的時候，連你自己都不知道你是怎麼了，但很明確的是，你很難受，不想要這種感覺，於是就把脾氣發洩到眼前這個孩子身上。

其實，如果不是因為我們此生有機會做父母，我們可能根本沒有機會把我們童年的「包袱」卸下來。所以，家長不是需要吼孩子，而是需要透過學習，看見和照顧自己內心那個受傷的小孩。

三、我吼你，是因為你的表現不如別的孩子，讓我沒有面子

愛比較、患得失，是懸在父母頭上的一把利劍。

一位媽媽帶著孩子去做客，到了對方家裡，對方家的孩子琴棋書畫，樣樣優秀，

待人接物，落落大方。但是自己的孩子呢，坐沒有坐相，吃東西也沒有禮貌，上了三個才藝班，沒有一個堅持好好學完……一天下來，這位媽媽覺得自己無比失敗：「同樣是養孩子，同樣是九歲的孩子，我也很為孩子的未來擔憂呀，也花時間、花了錢呀，為什麼感覺一個天上、一個地下呢。」

媽媽感覺很沒面子，於是這位媽媽憋了一肚子的火，回到家孩子還是像往常一樣，準備先看一下電視再寫作業。在往常，這位媽媽不會生氣，但是今天不同，媽媽一把搶下遙控器，大吼道：「還看電視，虧你還有臉坐在這裡看電視……」然而，孩子並不明白媽媽為什麼會發這麼大的脾氣。

其實，那個覺得沒有臉坐在那裡看電視的，是媽媽自己，不是孩子。

從根本上來講，讓這位媽媽生氣的，是感覺自己家孩子被比下去的不甘心和沒面子。家長需要學習面對的是，如何處理因為比較而帶來的自尊心和自我價值的挫敗感。

四、我吼你，是因為你的狀態不好，讓我自己對未來更加焦慮，沒有安全感

很多父母為了孩子的教育，拚盡全力。但焦慮會不會因為為了孩子的學業買學區房、進了某所優質學校而消失呢？不會的。焦慮依然在，只是換了一個圈子。

人為什麼會焦慮？**焦慮是對無常的抗拒**，當我們對孩子的未來不確定，對自己的

未來也不確定的時候，就會未雨綢繆地做很多事，內心才能安心。而做完這些之後，比如把孩子送進一所明星中學之後，你就在心裡說：「我都為你做了那麼多的事情，我都為你準備好了小學、國中到高中的所有學區房，孩子，你為什麼還不努力呢？」

換句話說，孩子，你為什麼還是表現得不讓我滿意呢？我付出是要有結果和回報的，可是你的狀態達不到我想要的結果和回報。所以，我就要生氣，要把這個脾氣發洩給你。都是你，要不是你，我才不會像今天這麼辛苦。

真的都是因為孩子嗎？這些事，是孩子讓你去做的嗎？是你的需求，還是你孩子的需求？

——我做不到的事情，我要你替我做到！

——我對未來不確定，就需要你表現優秀，讓我對未來感到安全，這樣我才會滿意。

以上是我們在陪伴孩子的過程中，情緒失控背後的內心戲。

「不管」不是「撒手不管」，「管」也不是「代替」

那麼家長到底該不該陪孩子寫作業呢？

從發展心理學的角度而言，低年級的孩子（一到三年級）是需要家長陪伴的，因為低年級的孩子處於良好學習習慣培養的關鍵時期，家長陪寫作業有助於及時發現孩子的一些不良習慣，並予以糾正。如果這個階段家長不陪孩子寫作業，孩子容易養成懶散、注意力不集中、拖拉的習慣，以後想要改正則需要花費更多的時間和精力。

但是當孩子進入高年級後，家長就需要學會適當放手。如果家長在陪寫作業的過程中干涉太多，容易引起孩子的反向心理。他們往往會認為這是家長對自己不夠信任，從而產生對抗情緒，引起親子衝突。同時，家長過度參與也不利於孩子主動性、自覺性的培養，容易養成依賴心理。

決定要不要輔導孩子寫作業之前，還有必要弄清楚一點：

輔導≠包辦代替

獨立完成≠不需要家長輔導和監督

雖然作業是要求孩子完成的，但是如果完全讓孩子獨立完成，作業完成的品質可能不高，若想保證作業完成度極高，一定需要大人的指導。要注意的是，大人應該做的是陪同、帶領、指導孩子去做，不是包辦代替。

是否陪孩子做作業要把握的一條總原則是，學習是孩子自己的事情，家長只是一個助力。陪還是不陪以及如何陪，需要家長根據自己孩子的情況靈活應對。

你在開車，副駕的人在指指點點，你會開心嗎？

那麼，怎麼樣才是陪孩子完成作業的正確方式？

曾經有一位媽媽向我求助，他說：「老師，我的孩子是不是有過動症啊，寫作業的時候他在椅子上扭來扭去的又拖拖拉拉，總要寫到三更半夜。」

我說：「我來跟你假設這個情境吧。」於是，我扮演這個媽媽，坐在一旁盯著孩子不停地說：「這一橫寫短一點」、「用橡皮擦小力一點」、「又錯了，你上課到底有沒有在聽？」

坐在一邊的孩子爸爸不停點頭說：「對！就是這個樣子。」

我對他們說：「假設你正在開車，但坐在旁邊的人一直在指指點點：『換車道』『打方向燈啊，你怎麼又忘了』『超車，超他，哎、真笨！』『紅燈，紅燈了！』你會不會沖他喊『閉嘴』？」

其實，正在寫作業的孩子就和正在開車的你一樣。有的家長喜歡盯著孩子寫作業，一旦發現有問題，或字寫錯、寫歪了，一邊幫孩子擦一邊批評、責怪孩子：「怎麼搞的，又做錯了，總是改不掉。」「說過多少遍，你怎麼就是記不住？」

為什麼大多數孩子都會排斥寫作業呢？因為除了寫作業真的是一件費力又費腦的

苦差事之外，還有一個重要的原因，就是當你用上面的語言和孩子溝通時，他大腦接收到的訊息其實是命令、控制。當大腦接收到的訊息是「命令」或「控制」的時候，大腦首先輸出的訊息其實是「拒絕」，而不是「行動」。

所以，當你命令孩子寫作業時，他已經本能地在抵抗了。當一個人發自本能地抗拒一件事情的時候，想取得良好結果的機率也就變得微乎其微。

很多家長在和孩子說話時，總是習慣性地命令、要求孩子，掛在嘴邊的總是這幾句：「你該做什麼？你不該做什麼？你在這個時候要學什麼？你該怎麼聽話……」從來沒有問過孩子：「你要不要做什麼？你想做什麼，接下來，你該怎麼做……」這就難怪很多孩子做事情時，特別被動，完全沒有主動參與的意識與積極性。

●讓孩子對寫作業有參與感

參與感對孩子到底有多重要？

如果你只是每天讓孩子完成作業，那麼對他而言，他只是在完成老師和家長的要求而已，這個時候，往往孩子呈現的是一種置身事外的態度。

只有當孩子從心底認同完成作業這項任務是自己的分內之事，並且自己是最重要的主體時，他的大腦才會輸出積極主動的信號。只有這樣，孩子才會主動完成作業。

下面分享幾點怎樣做才能讓孩子對寫作業有參與感：

一、允許孩子自己設定完成作業的流程

讓孩子自己決定在哪裡、什麼時候完成作業，但是要確保完成的環境是安靜且沒有干擾的。在餐桌上寫作業，還是在房間的地板上寫？孩子自己決定，寫就好！建議讓孩子準備一個小小的「作業箱」，裡面有鉛筆、橡皮擦和畫筆，只要他決定做作業，這樣孩子就可以帶上自己的「小小作業箱」去任何地方。

一回家就寫作業，還是先吃一點東西或者先玩一下再開始？先寫國文還是先寫數學？孩子自己決定，寫就好！讓孩子自己做主什麼時間完成，這樣會強化孩子一種觀念——作業是我自己的事情。需要注意的是，最好不要拖到睡覺前才完成，這時候孩子已經很疲倦了，會增添不少不必要的壓力。

二、開始之前先「三問」

1. 今天回家作業有哪些？量有多少？你預計要花多久的時間做完？
2. 今天有沒有覺得特別難寫的作業？

3.今天計畫先從哪一科開始寫，為什麼？

透過這三個問題，幫助孩子明白今天的作業總量，並有一個簡單的規劃。低年級的孩子可能還不能順利回答這三個問題，沒關係，家長可以按照這三個步驟幫他整理，並根據作業量幫孩子限定一個時間，比如三十分鐘或者一個小時。當家長這麼做了，一段時間後，孩子自己就會估算出完成作業的時間，並為自己做好規劃。

其實不光是孩子，當大人面對一大堆的任務時也會有很多壓力。教孩子把寫作業的任務進行分類，寫作業前先用記事本規劃一下：把書面作業放在前面完成，背誦的、較少的書面作業穿插在中間進行。一下子寫字、一下子背書，交替進行可以讓孩子得到休息，不易產生疲倦感。

最瞭解孩子的人是父母，父母應該瞭解孩子的優缺點，對於孩子擅長的科目，即使難一點也可以盡量放手讓孩子去探索嘗試。而孩子相對弱的科目，即使作業難度較低，也應該多給予一些幫助。

三、不輕易打擾孩子

在孩子寫作業的時候，家長在旁邊安靜地做自己的事，利用寧靜的氛圍幫助孩子靜下心來。

如果家長發現孩子有些分神，可以提醒：「已經十五分鐘了，加油哦。」倘若提醒也不管用，可以走到孩子身邊，摸摸他的頭說：「是不是遇到不會寫、比較難的題目，要不要爸爸（媽媽）幫你一下？」這樣做的目的是把孩子的注意力拉回到學習上。

通常情況下，孩子會說沒有難的題目，這時父母要表現出一種平靜的神情：「相信你很快會做完的，媽媽（爸爸）等著你好嗎？」這種方法，實際上是先終止了孩子的拖拉行為，然後讓孩子明白，父母在關注他，希望他快一點完成作業。

四、不直接幫孩子訂正錯誤

檢查作業時發現有錯，父母不要指出錯誤的地方，而是說出大致範圍。比如可以說：「做得不錯，但這題有不對的地方，你再看看。」在有問題的地方畫上一個小圓圈，讓孩子自己找出不正確的地方並改正。

等孩子找出來了，應及時給予稱讚和鼓勵，然後可以和他討論為什麼會出錯，是概念沒完全理解，還是省略了必要的步驟或者是其他原因。要是孩子實在找不出來，父母再給予指導。

如果孩子反復檢查也沒找出作業中的錯誤，那這就是孩子較弱的地方，父母要給予相應的輔導和指點，而且在輔導時要講究技巧。比如，有些題目不難，只是孩子缺乏耐心，只看了一遍就覺得不會寫。若是父母直接告訴孩子該如何解題，甚至將算式都列好，這樣會養成孩子遇到困難不思考、依賴他人解決問題的壞習慣。

正確的方法是，可以對孩子說：「媽媽（爸爸）相信你，只要多讀幾遍題目，你會做出來的。」當孩子做出來以後，父母要高興地稱讚：「你看，把題目看懂就會寫了。」這時孩子也一定會為自己努力的成果高興。

另外，對於孩子經過思考也沒寫出來的題目，父母也不要直接告訴他原題的解法，可以根據原題編一個相似的題目，與孩子一起分析、討論，弄懂通例題之後，再讓孩子寫題目。

一般弄懂了例題，孩子多半就會做原題了；如果仍然不會，那麼就需要再回到例題的討論與計算上。經過幾次來回，只要父母耐心引導，孩子一定會做原題的。這種做法雖然父母要麻煩一些，但能夠訓練孩子舉一反三的學習能力，否則，孩子會陷入總是就題解題的被動思維中，很難建立學習的思維遷移模式。

對於一些難題，父母編不好例題，那麼可以就這個原題分析它的關鍵點在哪裡，找到什麼條件就好解題了，讓孩子根據父母的提示思考、列式計算。總之，不要把算式直接列出來，也不要直接告訴孩子第一步做什麼、第二步做什麼，盡量培養孩子獨立思考的能力。

我們常說，孩子是家長的一面鏡子。孩子能否自覺、專注地寫作業，關鍵還是家長的言傳身教、心態方法。希望每一位父母都能做到不急不躁、不吼不叫，做一個高效的陪伴者，逐步從有方法的「陪」過渡到放心的「不陪」，幫助孩子養成學習的良好習慣。

練習：角色互換遊戲

在約定時間內，和孩子互換角色，讓孩子扮演父母，表演父母平時的樣子，父母扮演孩子，設定場景（比如輔導作業），這個練習可以幫助我們換位思考，站在對方的視角，增進彼此理解。

青春期的孩子情緒像坐雲霄飛車，父母該如何應對

有的孩子進入青春期以後，情緒就像坐雲霄飛車，時而高亢，時而低迷，前一秒還是晴空萬里，下一秒就會狂風暴雨。家長困惑了，進入青春期後，我的孩子到底怎麼了？

其實青春期的孩子自己也不太明白自己發生了什麼，怎麼會有那麼多的情緒？

青春期孩子的六個特徵

從生理到心理的角度，青春期的孩子都在經歷著巨大的成長和變化，而這些變化需要孩子用一定的時間去適應，再加上一些家庭環境的因素，青春期孩子就會表現出許多難以揣測的行為及心理特徵。如果你瞭解了孩子這樣的發展規律，你便知道這其實是很正常的現象，並且知道該如何去和這個階段的孩子溝通和相處。

一、比較敏感

你有沒有發現當孩子進入青春期以後，會特別在意別人對他的評價？例如：我的外表看起來怎麼樣？我的身材如何？我臉上又長了幾顆痘痘？我打籃球的姿勢帥不帥？這次考試成績怎麼樣啊？

孩子很可能嘴上不說，但心裡卻是很在意、很關注的。如果這時家長或者別人無意中看了他一眼，可能都會引起他情緒的波動，他可能會想：「你盯著我幹嘛，你對我有意見嗎？」

二、身體激素的變化

這個階段的孩子多巴胺分泌會激增，容易衝動、愛冒險。多巴胺的影響會讓一個人變得大膽，覺得世界很安全，不管做什麼都不會有事，所以孩子會特別想去探索和展現他們的能力，想要證明自己很厲害：「你們都不敢做的，只有我敢！」

但衝動的背後也會有糾結和恐懼，在探索的過程中，孩子會發現其實自己也並沒有想像的那麼強大，伴隨而來的就是沮喪、挫敗，一旦結果不如所願，可能就會情緒低迷、消沉。所以，我們經常會看到青春期的孩子會表現出一股自信得好像可以拯救世界，一下子又自卑得覺得自己什麼也做不到。

三、開始挑戰權威

年齡小的孩子基本很少會和父母對抗，大部分孩子父母還可以「管得住」；可是面對青春期的孩子，你若是說往東，他就故意往西，反正就是跟你唱反調。孩子小時候感覺父母是無所不能的，但是現在他長高了，可能比你還要高，他不再仰望你了，而且他發現其實你也有搞不定的時候，曾經的偶像形象被打碎了，他就想挑戰一下。

孩子天生就忠誠於父母，但他又想挑戰父母，此時他的內心就會充滿恐懼，會焦慮或者愧疚，他會覺得這樣做不對，不應該挑戰父母，但是青春期的衝動又讓他想要去做這個事情，所以孩子的內心就會產生許多矛盾和拉扯，會情緒不穩定。

四、想擁有人生的自主權

舉個例子，很多青春期的孩子都會幫自己取一個網名，這有一個共同的地方，就是他們喜歡用具有「自由」意味的詞句，這是在表達什麼呢？

孩子想要自由、想要自主，「我是大人了，你們別再管我了。」「我今天早上吃什麼你不要管我，你也不要管我有沒有穿保暖衣。」渴望自由的孩子會因為父母管得過多而反感。

五、關係問題的困擾

人只有在關係裡面，才能感受到愛，才能感覺到活著。

如果父母關係不和諧，經常吵架，孩子就會感到很無助；要是孩子和父母的關係也比較緊張，孩子就會缺乏安全感。另外，青春期的孩子對友情是特別渴望的，如果在交友上遇到問題，孩子也會感到一種深深的孤獨。遇到青春期戀愛的問題，孩子就更加不知所措，他的情緒也因此會比較波動。

六、想要做自己，但是又不知道怎麼做

青春期的孩子有個重要的心理任務就是探索「我是誰」。他們喜歡耍酷，喜歡與眾不同，但是當面對一個剛剛展開的人生畫卷，孩子是很迷茫的，處在迷茫中的孩子就會經常掉到抑鬱消沉的氛圍裡。與其說青春期的孩子喜歡與父母和老師對抗，不如說他在內心跟自己打仗，是自我認定形成的關鍵時期，表現出來就是情緒起伏非常大。

●讓孩子學會應對情緒，是我們給予孩子最好的禮物

如果說青春期孩子情緒像坐雲霄飛車是正常的，那麼家長苦惱的是什麼？又應該

如何做呢？

第一，認識情緒是處理情緒的首要前提，如果家長對於情緒都是無知、無覺、無感，那麼即便教給你很多辦法，你也可能一點都做不了。

很多家長諮詢時會說：「你是心理諮詢師，請告訴我一個辦法，怎麼讓孩子不要這麼憤怒了，不要這麼消沉，最好明天他就能上學，能夠正常起來……」此刻我能感覺到家長內心非常無力和恐懼，他們不知如何應對孩子的情緒浪潮。

我們不認識情緒，不認可情緒，怎麼可能很好地駕馭情緒呢？

第二，情緒是沒有對錯的。不少人對於情緒總是充滿敵意的，比如當我們感覺憤怒、悲傷、妒忌時，我們的第一反應就是排斥、壓制、不要，同時也不接受自己或者自己親近的人有這樣的負面情緒。孩子一生氣，我們就想壓制他，「你生什麼氣呀？你還有臉生氣啊，媽媽這麼辛苦把你養大，我都還沒生氣呢！」

第三，情緒是流動的，就像空氣一樣會彌散，它會讓周圍人感覺到它的存在。舉個例子，有的孩子會說「儘管我媽媽嘴上沒有講什麼，但是我能深刻地感覺到他內心非常焦慮、非常緊張。」親子之間、夫妻之間，我們都能非常敏銳地感知到對方的情緒，不是你壓抑著自己的情緒，對方就不知道。不論是悲傷、憤怒、焦慮還是快樂、開心，周圍的人都是可以感受到的。

一、我們常見的情緒表達方式有哪些呢？

1. 情緒的軀體化

情緒的軀體化就是以身體出現疼痛、疾病的方式來表達這種情緒。

美國心靈導師露易絲·賀（Louise L. Hay）說過很經典的一句話：「身體從未說謊，不被覺察的情緒，都會以疾病的方式來宣告自己的存在。」

如果父母比較強勢，年紀小的孩子沒有辦法表達自己的憤怒、恐懼、悲傷，他的情緒就會卡在身體裡，最後就用疾病的方式表達出來，這就是軀體化的表現。

2. 行為化

比如說，孩子玩遊戲通關了，就會開心得蹦蹦跳跳；當父母吵架了，孩子會狠狠地摔門，這都是用行為來表達情緒。孩子面對老師批評、同學嘲笑、成績下降時，他就會翹課、厭學。沒有辦法承受這些，他就逃離那個環境，但是逃離環境，他的頭腦還是停不下來，那些事還是會困擾他，然後他就會繼續逃，躲到遊戲裡，所以我們會看到很多孩子沉迷於遊戲世界。

當你瞭解背後的原因時，就會更加地理解他們，進而幫助他們。

3. 用科學合理的方式來表達情緒

有的孩子有寫日記的習慣，其實這是非常好的處理情緒的方式，如果家長偷看或者強行把孩子的日記曝光，這無形中阻斷了孩子一條情緒的出口。

或者一個人靜靜地流淚和哭泣，沒人在的時候可以吼一吼，還可以用溫和而清晰的語言來表達自己的情緒，告訴別人，我現在很生氣，我感到很難過。

孩子情緒表達的方式是從小養成的，是從和父母的互動中學習的，父母採取怎樣的情緒表達方式，孩子就常常潛移默化地學習了。**家長能夠很好地面對和處理情緒，這是用家長作為榜樣給予孩子一生的禮物**。

二、當青春期孩子情緒波動時，家長可以做些什麼呢？

1. 覺察自己的情緒感受

自己會有什麼感覺？是緊張還是恐慌或者憤怒？身體有什麼反應？會不會有些發抖，感覺氣血往上躥？有哪些想法？會不會對自己有評判，內疚或者自責？

只要我們敢於走進情緒，去覺察和體驗情緒，我們就會對情緒多一份的熟悉，慢慢地和情緒建立一種和平共處的關係，那麼情緒對你的影響就會減小很多。

這個過程非常重要，家長首先不能當逃兵，你能夠和自己的情緒短兵相接，有實戰經驗，才能夠體驗孩子的感受，才能夠有足夠的經驗和智慧，給予孩子指導和幫助。

2. 和孩子的感受共情

當孩子遇到這些情緒感受時，正是孩子體驗情緒、學習情緒管理的絕佳時刻。在這個過程中，非常考驗父母的一項重要能力——共情。

共情到底是什麼呢？共情就是深深地理解和看到，是我接納你此時的狀態，我理解你此時的痛苦，我允許你可以和自己的情緒待在一起，我不著急把你拉出來，我只是陪著你，我只是看著你，深深地懂得和看見，我接受你現在就是這個樣子，我不要求你馬上變得積極、陽光、充滿正能量，我不需要馬上把你拉出來，我就只是陪著你。

如果家長不知道應該說些什麼，那就可以靜靜地坐在孩子的旁邊，不去打擾，也是一種支持，適當的時候拍一拍孩子肩膀，遞個衛生紙、倒杯水等，其實這也是一種共情的方式。

3. 幫助孩子化解情緒

家長要學會分辨孩子的情緒，不要過度緊張。情緒是孩子內心的信號，當孩子有情緒時，家長需要明白，他的情緒並不一定是沖著你來的，他只是在傳遞一個信號，他需要被看見被關愛。當你看到這一點，你就不會那麼容易動怒了。

所以當孩子越大聲、越憤怒，你更需要冷靜、平和，有一個很好用的辦法叫作「情緒自我播報」。舉個例子，比如你下班回來，發現孩子沒有寫作業，還在打遊戲，等你喊他吃飯了，他還很煩，冷冷地說：「不想吃不行啊？」

如果用情緒自我播報，該怎麼說呢？你可以對自己說：「我看到孩子在打遊戲，沒有做作業，我喊他吃飯，他說不想吃。」當你做情緒自我播報時，你是以旁觀者的角色來看待這件事，你和這些負面情緒是保持距離的，你就不會那麼容易被情緒裹挾了。

4. 遵循一個原則，先處理情緒再處理事情

帶著這個原則來跟孩子互動，讓他知道他的情緒是被接納、被理解的，等到他的情緒回歸平靜之後，我們可以用「攝影機語言」來說明他。

什麼是「攝影機語言」呢？

當你看到孩子臉上是什麼表情，你感受到他會是什麼情緒，以及你聽到他講了什麼，把這些資訊用客觀的語言回饋給孩子，不做任何添加，不加入你個人主觀的感覺，就像攝影機一樣，你「拍下」什麼就如實如是地回饋給他。

攝影機語言會怎麼說呢？比如父母可以對孩子講：「媽媽回到家，看到你在玩遊戲，沒有做作業，我喊你吃飯，你很大聲地說不想吃，你是想繼續玩遊戲，沒做好吃飯的準備是嗎？謝謝你告訴我。」

我們藉由攝影機語言，不帶任何評判，就可以和孩子有一個更好地表達了，讓他學習怎樣表達自己的感受。作為父母，如果我們對於情緒不瞭解、不認識，或者我們自己對於情緒都束手無策，那這些辦法就很難用出來，因此父母管理好自己的情緒很重要。

你處理情緒的態度，孩子都看在眼裡，他會有樣學樣，你若逃避，他就會缺乏自信或壓抑。

父母就是孩子的第一任情緒教練。

練習：一封遲到的信

讀完這一節的內容，相信你會有一些話想跟青春期的孩子說，請找個時間靜下心來，寫一封信給孩子。

如果你和他已經難以溝通，也許是你們之前的互動方式不對，或者缺乏對他的瞭解，你可以在信中表達歉意，同時多表達你對孩子的愛，不講大道理、不批評、不指責、不討好也不寫你的期待和他的問題，只是用這封信傳達愛與尊重，修復親子關係。

第七章　家庭關係

——那些「惹不起」的人，我們該如何相處。

剪不斷、理還亂的家庭關係，躲不掉也換不了。
父母總是傳遞負面情緒，我要怎麼辦？
婆媳關係還有救嗎？
受不了親戚的各種關心和干擾，如何應對呢？

父母總是傳遞負面情緒，我該怎麼辦？

這些年「原生家庭」這個詞在網路中越來越常被提及，越來越多的人開始關注父母對自己的影響，不少人在諮詢的過程中問我：「父母總是傳遞負面情緒，我該怎麼辦？」

有個叫小雪的女孩和我說：「老師，我看了很多關於原生家庭對孩子影響的文章，越看越覺得無力和害怕。難道因為原生家庭的不幸，我就註定不幸福了嗎？」

我問他：「發生了什麼事情，會讓你有這樣的擔憂呢？」

他說：「我是單親家庭長大的孩子，媽媽情緒很不穩定，喜怒無常。每當我開心的時候，他就會說一些掃興的話。和他聊天，經常就會變成對我的聲討，而且他常常會用『每次』、『總是』這些詞，好像我一直都是一個很糟糕的人，而他從來不認為自己有什麼問題。媽媽會為自己找各種各樣的原因和理由，從不聽我的任何解釋，每次爭吵他總是要逼著我認錯才行。後來我乾脆直接認錯，不想再和他爭辯了，我覺得自己好累。」

我說：「小雪，我能夠感受到你的憤怒、委屈和無力。你說你很反感母親指責你的時候，常常用『每次』、『總是』這樣的詞，可是我發現剛才你在評論你媽媽的時候，也用了很多這樣的詞語。」

他愣了一下說：「是啊，我有時發覺我和我媽媽很多地方都一模一樣，我真的很害怕，我不想像他那樣，我情緒不穩定也很像媽媽。我發現媽媽總是想要控制我，讓我聽他的話，而我自己在戀愛的時候也會不自覺地製造矛盾，逼迫男友認錯，喜歡控制、爭論和批評。我知道這樣會傷害我們的感情，會把自己的戀人越推越遠，但是我就是忍不住這樣做，我不知道該怎麼辦才好。」

我說：「你這是一個很好的覺察，其實你已經在努力了。」

小雪繼續講：「我很反感媽媽的教育方式，我告訴自己不要成為媽媽這樣的人。但是我感覺自己沒有力量，好不容易情緒好一點，只要和他在一起，很容易就被他拉到情緒的谷底。可是我又不能長時間離開家，我擔心他一個人會很孤單。」

小雪該怎樣做才能擺脫媽媽負面情緒的影響呢？

很顯然，小雪的媽媽把女兒當成了自己的情緒垃圾桶。

在心理學中有一個經典的踢貓效應（Kick the cat effect）：一個男人被上司批評之後，心情不好，回去跟妻子吵了一架，妻子的憤怒無處發洩，就對著在旁邊玩耍的孩子訓斥了一番，而受了訓斥的孩子怒火燃燒，看到院子裡的貓就狠狠地踢了貓一腳，而這就是負面情緒的惡性循環。

踢貓效應講的是負面情緒在不同人之間流轉的過程，這種流轉往往是從高等級向低等級轉移，由強者向弱者轉移，而在家庭中，因為身分和地位的差異，孩子很容易成為父母負面情緒的宣洩口。

雖然生活中全家人都是以孩子為中心，但實際上孩子是家庭生物鏈中等級最低的那個。孩子通常很難應對如此強烈而且持久的負面能量，久而久之，孩子的內心世界有可能發生一些扭曲。就像小雪說的，他在戀愛的關係中屢屢受挫，對別人和周圍的環境缺乏信任，容易緊張和懷疑。

而在這樣家庭中的父母，往往意識不到自己對孩子的心靈造成了怎樣的傷害。他們自己缺乏管理情緒的能力，社會缺乏關於情緒管理知識的傳播，也沒有人專門教過我們的父母如何處理情緒，更多的是一代又一代家族模式的傳承，結果就是當孩子感到非常痛苦，試圖反抗家長的不當行為時，大部分的家長會予以否認，無法設身處地地站在孩子的角度考慮孩子的感受。

孩子嘗試改變父母的努力以失敗告終，期望轉變為失望甚至是怨恨，悲劇就此延續，因為當孩子極力否定和抗拒父母這些行為的時候，也毫無意外地將這些模式全部複製並內化到了自己身上。

曾經有一位學員告訴我，他在學習了一些溝通技巧的課程之後，曾經試圖用學到的方法和他的媽媽溝通，當他告訴媽媽，小時候媽媽曾經做過一些事情傷害了他，他媽媽的反應是暴跳如雷，拍桌子、踢板凳，大聲控訴他：「你這個沒良心的，你媽養了你這麼多年，你長大了，翅膀硬了，現在反而來怪我！」然後他哭得一塌糊塗。

這個學員特別後悔和媽媽做這些溝通，感覺非常挫敗和沮喪，就像小雪現在對媽媽的態度，他覺得我不和你吵總可以吧，但也因此對媽媽關上心門，兩個人的關係越來越疏遠。就像現在很多成年子女與自己的父母「愛而不親」的現象，好像總是有一道難以逾越的鴻溝，難以表達的情感。

那麼面對父母的情緒垃圾，我們該怎麼辦呢？

父母的負面情緒到底在表達什麼？

首先，我們需要明白，其實那些負面情緒背後都是父母在用這樣的方式呼喚愛。父母之所以和你抱怨和傾訴，是因為他們找不到合適的方式去應對壓力或者處理複雜的人際關係，他們只會、也只能做到這樣。也許在父母小的時候，他們的父母也沒有教他們如何更好地面對人際關係中的種種難題，如何釋放、清理自己的情緒，也沒有人告訴他們如何包容或者是尊重他人。

日常生活中，有很多這樣的媽媽，他們一邊為子女辛苦操勞，一邊抱怨。如果我們多瞭解一些，可能會看到媽媽忙碌是因為他想證明自己值得被愛，而嘮叨和抱怨是因為他希望別人能夠關注他的付出，他也渴望被理解、被認可。

快樂的人不傷人，受傷的人才傷人。

愛指責、愛抱怨是因為父母心裡有一個很深的黑洞，那是他們對愛的渴望和呼喚，如果做子女的能夠明白這一點，就會對父母多一些理解和寬容。

其次，比起負面情緒對我們的傷害，更讓我們恐懼的是我們會不自覺地模仿父母，陷入一個無限的循環。就像小雪說的那樣，當他發現自己身上有很多他討厭的媽媽的影子，他的內心無比絕望和恐懼，不知道該如何擺脫這樣的命運。

其實大部分的人一生都不會意識到我們到底會有多麼像我們的父母，如果我們沒有辦法完全接受自己的父母，我們也就沒有辦法完全地接納自己。我們一定會像攻擊和厭棄我們的父母那樣，在內心某個角落厭棄著自己。

父母就是我們的根，我們的基因來自父母，我們最早模仿的對象也是父母。在意識層面你越是討厭自己的父母，遠離他們，那麼在潛意識層面，你就越像他們。凡是你所抗拒的，必將增強。

當我們不再抗拒父母的那些負面情緒，我們便不再關注它們，這些負面情緒對我們的影響就會削弱，這樣我們才能不再陷入複製父母情緒模式的循環中。

需要強調的一點是，不要試圖改變你的父母。

我們必須承認原生家庭對我們的影響，但同時我們也要承認我們有能力為自己的生命負責。許多人對父母的態度都經歷了這樣的變化：小時候對父母很服從，進入青春期開始叛逆，漸漸地只有不滿和憤怒，或者試圖改變父母。而這些想法的背後，其實潛藏著一個還未成熟的小孩的依賴心理：「因為父母對待我的方式，我才變成今天這個樣子，他們應該為此負責。」「如果我能改變他們，一切就會好起來。」

想改變父母，這樣的嘗試不僅總是無效，並且會因此製造更多的矛盾和衝突，因為改變別人遠比改變自己困難得多。改變的前提一定是「自發自願」的，沒有人可以改變另一個人。作為一個成年人，**我們要做的不是埋怨和怨恨父母，而是開始學習為自己負責，為自己的情緒負責，做一個內心強大的人。**

如何與父母和解

當然獲得內心的力量不是一蹴而就的事情，正如小雪的苦惱，當自己的意志還不夠堅定，很容易就被媽媽的負面情緒干擾，所以父母並不適合我們練習自我成長的課題。下面介紹兩種穩定情緒的方法：

一、空椅療法

空椅療法在ＮＬＰ中被稱為「感知位置平衡法」，可以在自己面前放一把椅子或者一個坐墊。放鬆呼吸，閉上眼睛，想像媽媽此刻就坐在對面，你們四目相對。

你可以對媽媽說：

「我是〇〇（你自己的名字），你是媽媽，我是被老天眷顧的孩子，你也是被老天眷顧的孩子。我對我的生命負起完全的責任，你也對你的生命負起完全的責任。」

「媽媽，我只是你的孩子，你大我小，我沒辦法成為你的父母，我只能做一個孩子能做的，我接納和尊重你的情緒和你處理關係的模式，也請你尊重我！」

「媽媽，我太愛你了，你的情緒、態度和處理關係的模式，我都接受，我用你的方式來表達對你的忠誠，這樣讓我很累，這樣愛你讓我付出了很多代價。現在，我把屬於你的交還給你，這是我對你的尊重。如果我能活出自己的樣子，能活得更幸福，請你祝福我！」

接下來，你可以坐到媽媽所在的那把椅子上，進入媽媽的角色，體驗他的情緒與感受，深入瞭解他的內心世界，並以媽媽的口吻跟對面的孩子說話。

你可以對孩子說：「孩子，我是你的媽媽，請接納我是有局限性的，我並不懂得如何處理情緒，很抱歉我的情緒和模式給你帶來了困擾，這不是我希望的，我只是想要得到你的關愛。我的情緒和命運是屬於我的，你不必像我一樣。如果你過得比我好，我會很開心，這正是我想看到的！」

你可以在練習中多次調換位置，閉上眼睛與內心的父母對話，這種方式有助於你和父母的負面情緒分離。甚至你可以想像身體中的某些情緒慢慢飛回父母的身上，把原本屬於父母應該承擔的情緒交還給他們，在家庭系統排列裡這叫作「情緒交還」。

當你完成這樣的練習，可以再感覺一下自己的身體，是否變得更輕盈一些，內心更輕鬆一些？

二、每天對自己進行贊許，贊同自己

每天贊許自己可以增加你內心的力量，穩定你的情緒。堅持完成上面的練習，可以幫助你更好地穩定自己的情緒，當回到現實生活中，面對父母的挑戰，又該如何化解父母帶給我們的負面情緒呢？

首先，內心強大的你要溫和而堅定地拒絕父母的抱怨，並且不會因此而內疚。

面對負面情緒的「汙染」，哪怕是父母，我們也可以說「不」，我們可以拒絕，這樣我們才能夠建立起自我的界線。

每一個成年人都要為自己的情緒負責，你沒有能力為父母的情緒負責。所以當你面對父母的情緒垃圾的時候，如果你感覺很累，感到煩躁或者壓抑，你可以把這些感受告訴他們，比如你可以說：「媽媽，咱們換個話題吧。我不想聊這個話題了，這個話題讓我感到很煩。」

如果你判斷即使你表明了界線，父母依然會喋喋不休，那麼你也可以不說出來，只是在心裡對父母這樣表達：「這是你的情緒，我無能為力，我只是你的孩子。」然後想像自己的身體之外好像有一個金鐘罩，把自己保護起來，特別是把耳朵保護起來，這也是免受干擾的一種方法。NLP中有一種「避彈衣法」，對於有強烈不安全感、內心力量薄弱，容易因為別人的話語或者行動而感到傷害的人，可以多加練習。

如果你能耐心地聽父母抱怨，也可以溫和地指出他們看待事物的偏頗之處，嘗試引導他們將注意力從宣洩情緒轉移到解決問題上面，將他們帶出情緒的旋渦。這其中的關鍵是要傳遞這樣的訊息：「媽媽，你希望下次會有什麼樣的不同呢？」或者說：「你希望下次怎麼做才可以避免這種情況發生呢？」「你可以為自己做的是什麼呢？」總之就是把注意力拉回到他們自己身上，讓他們能夠關注到自己需要的是什麼，而不是陷入「不想要什麼」的模式中，讓他們尋找到可以滿足自己需要的路徑和資源。

只有當我們有能力為自己的情緒負責的時候，我們才有能力引導他人為他們的情緒負責。當我們成長為一個成年人了，我們看待父母的眼光也會有所變化，除了看到原生家庭的陰影之外，也能看到父母正面、積極付出的一面，你需要做到的是盡量不讓那些陰影的、黑暗的部分再次傷害你。

當我們用愛來包容和陪伴父母的時候，他們也會發生相應的改變。

練習：能量外衣

請聆聽並跟隨「能量外衣」的音頻引導，提升自己的內心力量。

如何搞定婆媳關係

一位男學員向我訴苦，老婆生孩子，媽媽來照顧，從此矛盾不斷。媽媽看不慣老婆大手大腳，不愛做家事；老婆受不了媽媽嘮叨，特別在育兒觀念上有很多分歧。兩個女人每天在他面前抱怨，若是偏袒了媽媽，老婆就覺得委屈，覺得沒把他當成自己人；護著老婆，媽媽就嘮叨「娶了媳婦忘了媽」。

當夾心餅乾的滋味不好受，婆媳戰爭越演越烈，每天回家要四處滅火，勸老婆又哄媽媽，焦頭爛額。

他無力地問我：「老師，婆媳關係真的是無解嗎？」

婆媳關係似乎是所有關係中最難處理的，這些年盛行關於婆媳關係的影視劇也反映了這樣的社會現實。無論在影視劇還是生活中，丈夫好像總是那個最可憐的人，不能做親情的白眼狼，更不能做愛情的負心漢，兩處討好，兩頭受氣。

實際上，「婆媳關係」這個話題本身就是一個謊言，因為聽起來是婆婆和兒媳婦的二元關係，卻忽視了它的本質——這是婆婆、兒媳婦和兒子的三角關係。「婆媳矛盾」成了一個藉口，讓兒子從容逃脫，「這是兩個女人的事情，我可以做的事情不多」，但是真相是「兒子才是核心，才是解決婆媳問題的關鍵」。

婆媳矛盾從外表上看，似乎是一些生活習慣、思想理念的差異。有調查顯示，婆媳爭論點主要集中在育兒和家務上，但其實這些矛盾背後的本質是婆婆和兒媳婦對丈夫的愛的爭奪。

一位快要當婆婆的大姐對我說：「我想我得了娶媳婦恐懼症！」

我好奇地請他解釋一下，他所謂的「恐懼」包含了捨不得兒子離開、自憐、感覺被遺棄、不甘心、害怕以後沒人照顧、害怕媳婦不接納他、害怕媳婦對兒子不好，還有怕自己不再被需要等。

而媳婦們都有什麼樣的感受呢？一個嫁到外地的女友說：「只是因為深愛一個男人，我告別生我、養我幾十年的家，來到一個陌生的地方。可是，面對婆婆的諸多挑剔，丈夫只是一味勸我：『那是我媽，你就忍忍算了。』讓我覺得自己永遠比不上婆婆在老公心裡的地位，我永遠只是一個外人。」

有心理學家做過關於這方面的調查統計顯示，三分之二的媳婦認為，婆婆會想

「兒子有了媳婦忘了媽」，也有三分之二的婆婆認為，他在媳婦眼裡就是多餘的，有點受媳婦排斥。很多男人都不能理解，娶了媳婦，不是多了一個女人愛自己嗎？為什麼會引發「戰爭」呢？

家庭是傳遞愛的載體，從父母傳給孩子，再由孩子向下傳遞。不過，**家庭關係中居首要位置的不是親子關係，而是夫妻關係**。夫妻關係是家庭的「定海神針」，在三代同堂的家庭中，如果夫妻關係和諧，那麼這個家庭就會穩如磐石。

但是，現實中不少家庭是失衡的——親子關係是核心，夫妻關係是配角，在這種模式下，母子關係幾乎重於夫妻關係，也就是說，對於一個媽媽而言，兒子是他最重要的情感寄託，丈夫最多排在第二位；兒子才是他最親密的人，是他最割捨不下的人。

於是，當兒子要分離，去找一個愛人，並建立一個自己的新家庭時，身為婆婆，他很失落，自己失去了生命中最重要的人，因此有時會有意無意地阻止兒子與兒媳婦建立最親密的關係。

作為兒子，他認同自己是母親心目中最重要的人，他比爸爸還要重要。長大後，組建了自己的小家庭，他需要「回報」母親，於是他也會難以「背叛」母親而與妻子建立最親密的關係。

以上，這是失衡家庭中婆媳關係難以相處的更深層次原因。

相反，如果婆婆心目中最重要的人一直是丈夫而不是兒子，那麼兒子的遠離就不會感覺那麼難以割捨。相反，他會欣喜地看到，兒子找到了他最愛的人，他可以擁有自己的家庭、自己的人生了。這時，他會祝福兒子，祝福兒子和媳婦即將走上自己曾經走過的幸福之路。

作為婆媳爭奪的焦點，丈夫的應對模式至關重要。如果他只是一味逃避責任，希望當個好好先生或者希望盡可能滿足雙方的要求，這場衝突當然會持續下去。

夫妻關係才是小家庭中的核心關係

高情商的丈夫該如何應對婆媳關係呢？

首先澄清一個原則，就是你的家庭你做主。

健康家庭的第一定律是——夫妻關係是家中的核心關係。丈夫要明白，在他的原生家庭中，他的父母是最重要的，他們最有發言權，但在他的小家庭中，他和妻子才是最重要的，他的父母不該有太多的干涉。

無論你多麼敬愛你的父母，你終究要離開他們，過自己的生活；無論你多麼愛你的兒女，他們也終究要離開你，過他們自己的生活，而你的妻子才是那個真正會陪伴你走過一生的人。

只有當丈夫意識到他現在生命中最重要的關係是夫妻關係，當自己父母和妻子發生衝突的時候，他需要和妻子站在一起，婆媳關係問題才能得到妥善解決。

當男性選擇用這種方式和母親建立界限的時候，母親的感情可能會受到傷害，但是從長遠來看，這是值得的。因為婚姻剛開始的幾年非常脆弱，男性選擇和自己妻子建立統一戰線，會增加妻子的安全感；而男性和自己母親的關係其實已經非常穩固，不會因為男性選擇靠近自己的妻子就會被破壞。

更重要的是，男性對自己妻子的態度會嚴重影響他的父母對待媳婦的態度。如果他開始貶低自己的妻子，表現出不尊重的感覺，他的父母會很快附和他的看法，妻子會感覺被丈夫的家庭排斥在外。

把配偶放在第一位是幸福婚姻非常重要的一步。在婚姻最初的幾年，丈夫和妻子的主要任務是建立起「我們」的意識，在你的核心家庭中，你首先是別人的丈夫或者妻子的身分，然後你才是兒子或者女兒的身分。

夫妻不僅要在彼此父母面前維護對方，還要在所有人面前維護對方。這種意識的強弱決定著一段婚姻能走多遠，只有當夫妻均將對方視為可靠的隊友，他們才能攜手解決婚姻中的問題。

當一個人把你當成外人，你們的合作還能繼續多久呢？這並不是說，我們要把最多的資源留給配偶。相反，當老人和孩子需要照顧的時候，我們必須把更多的資源給他們。但是我們一定要懂得，配偶才是真正陪伴我們一生的人，才是我們最重要的心理寄託。

確定了這樣的前提，剩下的事情就比較容易處理了。

聰明男人都在用的五招

下面就為男士們提供一些實用的建議：

一、保持距離，親密有間

當女人結婚後，都希望自己託付終身的男人能夠成熟起來，有擔當，撐起這個家庭。可是很多男人卻忘記轉換角色，總以為自己還是父母的乖寶寶，不管是家務上還是經濟上，事事總想依賴父母。

非常明顯的一個現象就是不願離開父母單獨過日子，冠冕堂皇的理由是——我要照顧我的父母！同在一個屋簷下，親人間都會有摩擦，何況沒有血緣關係的婆媳，因此，分開住是一個既能避免不必要的衝突，又能讓小夫妻迅速成長的辦法。兩代人的住處差不多是「一碗湯的距離」，保有各自獨立的私人空間，也能彼此有個照應，既有界限也有連結。

二、以身作則，自己帶頭孝敬父母

很多男人有這樣的想法：「我爸媽養我不容易，所以你就應該孝順我爸媽。」這句話並沒有什麼邏輯，一個女人是因為你的關係才「走進一家門」，你的父母辛辛苦苦把你養大，為什麼需要媳婦來照顧，而不是你來照顧呢？

很多婆媳矛盾指責妻子「不孝順」，其實是丈夫把照顧父母的責任全部甩給妻子，還覺得天經地義。你的態度決定妻子的態度，當兒子的孝順了，做妻子的自然也會仿效，他是因為愛你，才會叫他們一聲爸媽。你關心照顧父母，妻子自然不敢怠慢。

三、「雙面膠」，兩邊做好人

有一個男性朋友是這樣化解婆媳矛盾的，下班後，他幫母親準備泡腳水說：「我剛到家，媳婦就叫我端泡腳水給你，說你的關節炎又發作了，還叫我拿藥膏給你擦。」接著，晚上他對妻子說：「母親煲了一鍋湯讓我送來給你，他說你胃不好，晚上要多少吃一點。」

化解婆媳矛盾的重要一點是增加婆媳之間的親密度，而聰明的老公會把做好人的機會讓給妻子。過節了，以老婆的名義買東西孝敬父母，在家裡，多引導妻子誇讚婆婆，讚他廚藝精湛，讚他持家有方，有什麼能討父母歡心的事也多讓妻子來做，即使是自己做的，也要提一句有妻子的心意。妻子做了這麼多，當婆婆的會覺得媳婦很明事理，沒道理再在小事上和媳婦鬧不愉快。此外，妻子能感受到你在其中做的努力，對你的愛只會有增無減。

四、不當著自己父母或家人面前跟老婆吵架

天下沒有不吵架的夫妻，吵架也是很多夫妻交流溝通的一種方式，但吵架也是非常傷害夫妻感情的，尤其是當著父母的面吵架，不但傷害夫妻感情，同時也會傷害自己父母跟另一方的感情。

父母都希望看到兒子、媳婦能夠和和美美的過日子，如果聽到兒子媳婦吵架，他們會很傷心難過，或者認為他們的存在影響了小夫妻的感情，認為自己是個累贅，更有甚者會認為是媳婦不想贍養自己故意跟兒子吵架，並會因此跟媳婦產生隔閡。

還有一些護短的父母，兒子當著他們的面跟自己老婆吵架時，他們會跳出來幫

兒子對付老婆，他們一介入，便將夫妻間的「內部矛盾」轉化成更為複雜的「婆媳矛盾」，如果是夫妻之間的矛盾就應該很容易解決，但如果中間摻入了其他人和關係，解決起來會棘手得多。

五、不當抱怨的傳話筒

俗話說：「會做的兩頭瞞，不會做的兩頭傳。」兩頭瞞的男人不但能巧妙地讓兩個女人對彼此的不滿消弭於無形，而且會替兩個女人討好彼此，讓兩個女人互增好感，促進婆媳之間的和睦。

兩頭傳的男人真的考慮欠妥，很多婆媳之間本來沒有多大的矛盾，只是一些小摩擦，但經過中間的那個男人的傳達後，小摩擦也會擦出「大火花」，讓婆媳之間的矛盾變得無比尖銳，最終的結果便是將傳話的男人放到深水熱火中煎熬。

解決婆媳矛盾的終極祕笈，在於經營好自己婚姻。仔細觀察那些婆媳和睦的家庭，會發現都有一個共同點：長輩真心去愛兒子，兒子真心去愛老婆，老婆因為愛老公而對公婆愛屋及烏。

丈夫真正懂得妻子，理解他的苦心，看到他的難處，心疼他、愛護他，妻子會明白丈夫的苦心，即使婆媳之間產生了矛盾，基於對你的愛，哪怕是委曲求全，他也願意主動去示弱、去化解，因為他不願意婆媳關係造成你的困擾。

婆婆看到兒子、兒媳美滿幸福，也會懂得得體地退出。因為愛兒子，從而對媳婦包容、接納和妥協，因此經營好了夫妻關係，再難的婆媳矛盾都不是問題。

「七大姑、八大姨」的相處指南

每逢佳節探親訪友之際，經常會看到一些網友的調侃：「過年回家如何面對親戚的盤問」、「如何優雅地反擊七大姑、八大姨[2]的靈魂拷問」，看著那些俏皮的文字忍俊不禁，在讚嘆這些機靈古怪的想法時，又感受到幽默背後深深的無奈。

本來應該美好的團聚時光，為什麼會成為一個群體給另一個群體帶來不適和壓力的場合呢？有不少學員抱怨：

「難得休假回家一趟，我只想好好放鬆，可是有些親戚關心的問題讓我感到難以呼吸。」

「他們不瞭解我們的情況，卻非要給我們一些荒唐的建議，我經常感到自己的智商受到了侮辱。」

2 七大姑、八大姨：泛指一般親屬，另外有繁多、雜亂的意思。

「我不知道他們為什麼這麼熱衷打探別人的隱私，但是每次被問時，我不想說又不好拒絕，實在令人抓狂。」

究竟是怎樣的溝通，會令這麼多網友「同仇敵愾」地聲討「七大姑、八大姨」？

有人統計了「過節回家最討厭被問的問題」，排名前五的如下：

1. 你大學讀什麼科系？
2. 有沒有女朋友、男朋友？
3. 平常是不是很閒、是不是很輕鬆？
4. 成績怎麼樣啊？薪水多嗎？年收入高嗎？
5. 能不能幫弟弟（妹妹）輔導課業、介紹工作？

乍一看，這只是一些關心和問候，在不合適的身分和場景下，這些話題可能就有點令人尷尬，而這可能只是打開了一個話匣子，隨之而來的就是「七大姑、八大姨」排山倒海般的思想入侵和評判。

有一位學員用親身經歷跟我吐槽「七大姑、八大姨勸過的架，只會越吵越烈，他們勸架更像煽風點火」。

小芳懷孕三個月的時候發現老公出軌，找老公爭論的時候被老公推倒導致小產，他在住院的時候心如死灰，暗下決心要離婚。

他的「七大姑、八大姨」知道了此事，像是約好了一樣，陸續來醫院探望，勸他不要離婚：「男人都是這樣，玩夠了就回來了」、「離了婚的女人不好過，你離婚不就成全了他和外面的女人」、「婚姻都是這樣，好好過日子，睜一隻眼、閉一隻眼就行了」。

小芳被勸動了，忍氣吞聲把這件事壓了下來。結果他的容忍不僅沒有換來老公的回心轉意，反而又一次經歷了「家暴」。

小芳聽著「七大姑、八大姨」「安慰」的話語，忍不住問道：「你們說離婚會毀了我的名聲，名聲比我的命更重要嗎？」得到的回答卻是「一個女人失去了名聲，等同於失去了生命」。

其實「七大姑、八大姨」只是一個比較籠統的稱呼，它並非用來汙名化真正關心我們的親戚，而是特指那些和我們關係並不親近，卻喜歡不斷侵犯我們的個人界線，用他們的人生觀、道德觀對我們實施「綁架」的群體。

為什麼這個現象會觸發我們許多糟糕的情緒？這裡涉及一個概念：自我界線。

你有界線意識嗎？

自我界線是指個人所創造的準則、規定或限度，以此來分辨什麼是合理的、安全的，別人如何對待自己是被允許的，以及當別人越過這些界限時自己該如何應對。

自我界線分為「身體界線」和「心理界線」兩個部分，比如當「七大姑、八大姨」積極熱情地想和你建立緊密聯繫的時候，他可能會離你很近，甚至貼著你的臉講話，有的可能會抓起你的手還輕輕地拍幾下。這些行為會讓一些人感受「自我界線」被打破，有強烈的不適感，這是屬於「身體界線」的範疇。

「心理界線」更多表現在想法、情緒、觀念、信仰、價值觀等多個方面，是我們心理安全距離的界限。「身體界線」的訊息容易被我們所抓取，而「心理界線」則被大多數人所忽視。

在不明所以的情況下，兩個人的「心理界線」發生衝突和碰撞，就會導致我們產生不適感，很多人不知道為什麼自己就莫名地被對方的一些言語「點燃」。比如，當「七大姑、八大姨」在向你傳遞「女人的名聲比生命更重要」這樣的信念的時候，違背了你的價值觀，這就是一種明顯的對「心理界線」的侵略。

在前面的章節中我們提到，當我們界線被突破的時候，往往最容易產生的情緒就是「憤怒」，我們以此來捍衛和維護自己的界線不受侵犯。這也就是為什麼那麼多網友會「同仇敵愾」一起聲討「七大姑、八大姨」，用這樣的方式宣洩現實中難以釋放的憤怒情緒。

現在，既然我們已經知道了情緒的來源，並且也明白自我界線對於我們而言意味著什麼，我們就可以在面對「七大姑、八大姨」現象的時候，知道該如何去應對。

首先，我們需要明確一件事情：**自我界線本身並沒對錯之分，它只是我們的成長環境、文化背景、信念和價值觀共同建立起的一套系統，它對於我們而言只有「適合」或「不適合」**。健康的自我界線是對自己的情緒和行為負責任，並且能明確這些責任是屬於自己的，還是屬於別人的。

自我界線有以下一些特徵：

- 清晰的，明確的。
- 不能被強制或強迫改變。
- 可以是靈活且有彈性的。
- 可以保護我們而不是傷害我們。
- 是可以接受的，沒有攻擊性的。
- 是自己的選擇而不是別人的要求。

這有助於我們理解「七大姑、八大姨」的行為動機，他們也許是真的熱心、由衷地想關心你，幫你「出謀劃策」，而並非有意地激怒你，只是你們的界線感不同。當他們無法意識到這個問題，而你也無法意識到這個問題的時候，你作為被「冒犯」的一方，自然會感受到憤怒和不適；而作為「七大姑、八大姨」，一片好心好意被拒絕，或許他們心中也充滿了委屈。

例如上面小芳的事例，那些輪番勸說他不要離婚的「七大姑、八大姨」，或許他們就是在這樣的價值信念中處理自己人生的各種事情，他們或許也經歷過各種被出軌，被婆家欺凌，在強大的壓力中夾縫求生，所以他們才會認真地告訴你「女人的名聲大於天」這樣的觀點，並十分篤定這才是這個世界的真理。那麼聽取了他們的意見而沒有選擇離婚的小芳，真的就是「受害者」嗎？也不盡然。

如果小芳是一個非常清楚自己的「自我界線」在哪裡的人，如果他很清楚自己想要的是什麼，那麼他就會為自己的情緒和行為承擔責任，而不是任由其他人的言論操控自己的選擇，所以小芳也是一個「自我界線」並不清晰的人，才會任由「七大姑、八大姨」左右他人生的重大抉擇。如果他將後果都怪罪到這些人的頭上，那麼他也逃避了自己應該承擔的責任，好像是這些不相干的人應該為他如此慘痛的後果負責一樣。

擁有不健康的「自我界線」的人，很容易對他人的情緒和行為負責，或者希望他人能夠為自己的情緒和行為負責任。美國心理學家妮娜・布朗博士（Nina W. Brown）在他的書中將「自我界線」分為四種類型：

1.柔軟型：柔軟型自我界線的人容易受到他人的影響和控制，很難拒絕他人的想法，容易與人共情，並被過度捲入他人的情緒當中，把別人的情緒當作自己的情緒。

2.剛硬型：剛硬型自我界線的人是封閉隔離的，堅決地捍衛自己的界線，不容他人破壞，這樣的人往往缺乏安全感，難以信任他人，讓人感覺難以接近。但是他們並非對待所有人都是剛硬的，只是很少有人能真正走入他們的內心。

3.海綿型：海綿型自我界線的人介於柔軟型和剛硬型之間，他們就像一塊海綿一樣，偶爾會受到他人的影響，但有時候又會拒絕一些關係的靠近。海綿型自我界線的人界線是不清晰的，經常處於矛盾的狀態，不確定該排斥什麼又該融入什麼，時而擔心侵犯他人或被人侵犯，時而又擔心無法與他人建立很好的連結。

4.靈活型：靈活型自我界線的人有清晰的自我界線，可以選擇自己允許什麼樣的人靠近，在什麼樣的場合靠近，同時又可以清晰地把自己不想要的部分阻擋在自己的界線之外，不受其影響，也能抵禦情感上的感染和控制。

我們可以看到小芳可能就屬於海綿型的自我界線，他在遭遇丈夫的出軌和家暴的時候清晰地知道自己不想要這樣的婚姻，但同時又會因為「七大姑、八大姨」的勸說而放棄了原先堅持的立場，小芳的自我界線因為不穩定而容易動搖。可見，建立健康的自我界線對於保護自己、保護身邊的人，以及維繫穩定的人際關係是多麼重要。

下面分享一些關於自我界線不健康的表現，大家可以審視自己的界線是否足夠清晰：

- 討好他人，無法堅持自己的立場。
- 扮演拯救者，經常犧牲自己去幫助周圍的人。
- 讓別人來定義自己。
- 不會提要求，期待別人能自動滿足自己的需要。
- 不會拒絕，拒絕別人的時候自己會感到內疚。
- 喜歡打探別人隱私，不管對方是否願意。
- 不敢表達自己的情緒，有情緒的時候習慣性忍氣吞聲。
- 對別人的行為指手畫腳，在不瞭解對方需求的情況下給出不合理的建議。

如果你有上面的某種情況，那麼就需要審視自己的自我界線是否足夠清晰，在人際關係中是否會過度付出或者過度索取。

建立自我界線的四大法則

接下來，我們就一起探討一下如何建立健康的自我界線。

一、清晰地告訴自己，我有權利維護自己的領地

無論是我們的「身體界線」還是我們的「心理界線」，都屬於我們個人的「領地」，在我們的領地之內，我們有權利也有能力將屬於我們的「地盤」建設成我們想要的樣子。其實建立自我界線的過程也是自我認同的過程，清晰地知道「我」到底是什麼樣的，只有如此，我們才知道如何維護自己的世界，獲得他人的尊重。

二、「我」是重要的

你要相信，你自己的感受比別人的需求更重要。這句話雖然聽起來有一些「自私」，但實際上這是自我關愛的表現。「自私」和「自愛」最大的區別在於你是否損害了他人的權利，自私是只關注自己，自愛是既關注自己也關注他人。

在建立自我界線的過程中，我們並不會侵犯他人的權利，我們只想保護自己的領地。如果你無法將「自我」擺在首位，只是用討好和犧牲的方式去滿足他人的需求，最終會導致你內心力量的匱乏，並且不會因此就得到他人的尊重。

三、明確你可以接受的和你不能接受的，清晰地表達它們

自我界線就像國家與國家之間的協議和條約，用來明確哪些是敞開的，可以互通有無的，可以進行往來的；哪些是底線，是不可侵犯的。

明確這些資訊對於你建立清晰的自我界線有非常重要的幫助——敢於拒絕那些侵犯你界線的行為和情緒，勇敢地對它們說「不」。

四、學會拒絕

你感到憤怒是一個非常好的信號，說明你該採取行動了。但同時我們又需要掌握一些技巧，既可以維護自己的界線立場，同時在拒絕的時候不會引來對方的攻擊，這裡分享合理溝通三步法：贊同、補充和比較、表達拒絕。

1. 贊同：先認可對方的動機，緩解拒絕時給對方帶來的壓力。例如：「我知道你很想關心我，你的意見對我很重要。」

2. 補充和比較：溫柔而堅定地說出你自己的想法和觀點，在不否定對方言論的前提下進行補充和比較。例如：「不過北京那邊的情況您可能還不瞭解，那邊薪資水準

很高，但是生活成本也很高。相比老家這邊的穩定，那邊對我而言意味著更多的發展空間和機會。」

3.表達拒絕：清晰、直接、具體，切忌模棱兩可給對方迴旋的餘地。例如：「所以我現在的決定是繼續留在北京發展，不回老家，希望您能尊重我的決定。」

在最後，可以轉移話題或者去關心對方的需要，在緩解緊張壓力的同時也能避免繼續聊這個話題。

回到小芳的案例，面對丈夫出軌並且家暴的行為，問自己，這是不是可以接受和容忍的，堅定自己的立場，積極求助於可以支持和幫助自己的資源，對傷害自己權益的行為堅決說「不」。

當「七大姑、八大姨」前來探望和遊說的時候，可以先溫和地表示收到了他們的關心和熱心的建議：「謝謝你們能來看我，看到你們那麼熱心地給我建議，我知道你們也很擔心我。」同時堅定地表達自己的想法：「這件事對我造成很大的傷害，我想同樣作為女人，你們都清楚這對於我來說意味著什麼，我感到很痛苦。」最後表明立場和決定：「我已經想好了，這是我的決定，希望你們尊重我的選擇，也希望你們可以支援我，我需要你們的支援。」

一個人有足夠的勇氣和能力去維護自己的界線，別人才會尊重你的立場。

高寶書版集團
gobooks.com.tw

新視野 New Window 253
與負面情緒愉快相處的轉變練習：清理心靈垃圾，快速轉念，成為自己的心情療癒師

作　　者　胡明瑜
責任編輯　高如玫
封面設計　林政嘉
內頁排版　賴姵均
企　　劃　何嘉雯

發 行 人　朱凱蕾
出　　版　英屬維京群島商高寶國際有限公司台灣分公司
　　　　　Global Group Holdings, Ltd.
地　　址　台北市內湖區洲子街 88 號 3 樓
網　　址　gobooks.com.tw
電　　話　(02) 27992788
電　　郵　readers@gobooks.com.tw（讀者服務部）
傳　　真　出版部　(02) 27990909　行銷部 (02) 27993088
郵政劃撥　19394552
戶　　名　英屬維京群島商高寶國際有限公司台灣分公司
發　　行　英屬維京群島商高寶國際有限公司台灣分公司
初版日期　2022 年 12 月

國家圖書館出版品預行編目（CIP）資料

與負面情緒愉快相處的轉變練習：清理心靈垃圾，快速轉念，成為自己的心情療癒師 / 胡明瑜著 . -- 初版 . -- 臺北市：英屬維京群島商高寶國際有限公司台灣分公司，2022.11
　面；　公分 . -- (新視野 253)

ISBN 978-986-506-556-0(平裝)

1.CST: 情緒管理　2.CST: 生活指導

176.52　　111016506

GOBOOKS
& SITAK
GROUP ©